# FURTHER CHINESE WORLD

# さらなる
# 中国語の世界

## ～大学二年生のレベルアップ中国語～

**HSK３級対応**

劉国彬
LIU GUO BIN

清水洋子
YOKO SHIMIZU

　本教科書は『中国語の世界〜大学一年生の入門中国語〜』の続編で、週１回中国語の授業を受講する大学２年生を対象とした準中級テキストです。

　本教科書は、コミュニケーション・読解・作文の能力向上と、中国語資格試験 HSK3 級合格を目標としています。そのため、３級レベルの単語と文法要項を広くカバーし、また３級レベルの身近な話題や生活の場面を中心とした、実用的な中国語を学習することができるようになっています。

　本教科書は、前期 15 回分（第１課〜第６課）、後期 15 回分（第７課〜第 12 課）を想定しています。各課は「会話」、「文法解説」、「短文」、「ことわざ」、「練習問題」という５つの内容で構成されており、３課ごとに「グループワーク」も設けられています。本教科書の特徴は以下の通りです。

① 中国語の語感を養うために、「会話」文を４文にし、暗唱できるようにしました。会話力アップのために繰り返して練習しましょう。

② 読解力を高めるために、「短文」を用意しました。

③ HSK3 級に合格する実力をつけていくため、各課の後に、「会話と短文理解・会話練習」、「リスニング練習」と「書く練習」の３つの練習問題を用意しました。

④ 中国語によるプレゼンテーション能力の向上に結びつく「グループワーク」を３課ごとに用意しました。

⑤ 各課に「ことわざ（谚语 yànyǔ）」を用意しました。会話力と文章力アップのために是非覚えてみて下さい。

　本教科書を通して皆さんのコミュニケーション・読解・作文の能力が向上し、また HSK にチャレンジする自信と実力が身につくことを期待しています。

# 🎧 音声ファイル無料ダウンロード

# http://www.kinsei-do.co.jp/download/0720

この教科書で 🎧 DL 00 の表示がある箇所の音声は、上記 URL または QR コードにて無料でダウンロードできます。自習用音声としてご活用ください。

- ▶ PC からのダウンロードをお勧めします。スマートフォンなどでダウンロードされる場合は、**ダウンロード前に「解凍アプリ」をインストール**してください。
- ▶ URL は、**検索ボックスではなくアドレスバー（URL 表示欄）に入力**してください。
- ▶ お使いのネットワーク環境によっては、ダウンロードできない場合があります。

⊙ CD 00   左記の表示がある箇所の音声は、教室用 CD に収録されています。

# 目　次

# 第1课　你黄金周有什么打算?

**课文**　(1) 会话　你 黄金周 有 什么 打算?　🎧 DL 02　◎ CD 02
Nǐ Huángjīnzhōu yǒu shénme dǎsuàn?

李 蒙 ： 你 黄金周 有 什么 打算?
Lǐ Měng　Nǐ Huángjīnzhōu yǒu shénme dǎsuàn?

福山 爱： 我 已经 想好 了, 去 爬山。你 呢?
Fúshān Ài　Wǒ yǐjīng xiǎnghǎo le, qù páshān. Nǐ ne?

李 蒙 ： 我 什么 计划 都 没有, 打工, 挣钱, 或者 见 同学
Lǐ Měng　Wǒ shénme jìhuà dōu méiyou, dǎgōng, zhèngqián, huòzhě jiàn tóngxué

　　　　和 同学 聊天儿。
　　　　hé tóngxué liáotiānr.

福山 爱： 我们 去 听 音乐会 吧! 我 对 音乐 特别 感 兴趣。
Fúshān Ài　Wǒmen qù tīng yīnyuèhuì ba! Wǒ duì yīnyuè tèbié gǎn xìngqù.

**生词**　🎧 DL 01　◎ CD 01

1. 黄金周　Huángjīnzhōu　ゴールデンウィーク
2. 已经　yǐjīng　もう、すでに
3. 想　xiǎng　想う、考える
4. 爬山　páshān　山に登る、登山
5. 计划　jìhuà　計画
6. 挣钱　zhèngqián　（お金を）稼ぐ
7. 或者　huòzhě　あるいは
8. 见　jiàn　会う、見る
9. 同学　tóngxué　同級生、クラスメート
10. 聊天儿　liáotiānr　おしゃべりする
11. 听　tīng　聞く
12. 音乐　yīnyuè　音楽
13. 音乐会　yīnyuèhuì　コンサート
14. 特别　tèbié　とくに
15. 对~感兴趣　duì~gǎn xìngqù　～に興味がある
16. 大约　dàyuē　だいたい
17. 一周　yìzhōu　一週間
18. 季节　jìjié　季節
19. 气候　qìhòu　気候
20. 宜人　yírén　（風物・気候などが）快適だ
21. 正　zhèng　ちょうど、まさに
22. 旅行　lǚxíng　旅行
23. 各个　gègè　それぞれ
24. 旅游　lǚyóu　旅行
25. 景点　jǐngdiǎn　観光地、スポット
26. 人山人海　rénshānrénhǎi　〈成語〉黒山のような 人だかり

## 文法解説

DL 03　CD 03

**1** 結果補語

結果補語は動作の結果を補充説明するもので、動詞や形容詞が用いられる。"了"や目的語は一般に結果補語の後方に置かれる。結果補語の否定形は、動詞の前に"没"または"没有"を用いる（"不"を用いてはならない）。

| 肯定文 | 主語＋動詞＋結果補語＋"（了）"＋目的語 |
|---|---|

| 否定文 | 主語＋"没／没有"＋動詞＋結果補語＋目的語 |
|---|---|

（1）**動詞＋好**：我们 说好 明天 一起 去 爬山。
　　　　　　Wǒmen shuōhǎo míngtiān yìqǐ qù páshān.

　　　　　　我 还 没 想好 什么 时候 去 中国。
　　　　　　Wǒ hái méi xiǎnghǎo shénme shíhou qù Zhōngguó.

（2）**動詞＋到**：今天 中午 我 吃到了 饺子。
　　　　　　Jīntiān zhōngwǔ wǒ chīdàole jiǎozi.

　　　　　　我 昨天 回到 家，没 见到 我 爸爸。
　　　　　　Wǒ zuótiān huídào jiā, méi jiàndào wǒ bàba.

練習　次の文を中国語に訳しましょう。

1. 私は昨日の宿題をまだ終えていない。

- - - - - - - - - - - - - - - - - - - - - - - - - - - - - -

2. 彼はたくさんのお金を稼いだ。（お金を稼いだ：挣到了钱 zhèngdàole qián）

- - - - - - - - - - - - - - - - - - - - - - - - - - - - - -

**2** 疑問詞＋（名詞＋）"都／也＋不／没(有)"～

全部否定の時に用いる。「何も～ない」「誰も～ない」「どこへも～ない」など。

（1）我 什么 东西 都 不 想 吃。
　　 Wǒ shénme dōngxi dōu bù xiǎng chī.

（2）黄金周 我 哪儿 也 没 去。
　　 Huángjīnzhōu wǒ nǎr yě méi qù.

 次の文を中国語に訳しましょう。

　　1．お金がなくて、何も買えなかった。（買える：买到 mǎidào）

　　‐‐‐‐‐‐‐‐‐‐‐‐‐‐‐‐‐‐‐‐‐‐‐‐‐‐‐‐‐‐‐‐‐‐‐‐‐‐‐‐‐‐‐‐‐‐‐‐‐‐‐‐‐

　　2．昨日大学に行ったが、誰にも会わなかった。

　　‐‐‐‐‐‐‐‐‐‐‐‐‐‐‐‐‐‐‐‐‐‐‐‐‐‐‐‐‐‐‐‐‐‐‐‐‐‐‐‐‐‐‐‐‐‐‐‐‐‐‐‐‐


**3** "对～感兴趣"、"对～有兴趣" 「～に興味がある」

（1）我 对 中国 文化 很 感 兴趣。
　　 Wǒ duì Zhōngguó wénhuà hěn gǎn xìngqù.

（2）他 对 什么 都 没有 兴趣。
　　 Tā duì shénme dōu méiyǒu xìngqù.

 次の文を中国語に訳しましょう。

　　1．私は山登りに興味がない。

　　‐‐‐‐‐‐‐‐‐‐‐‐‐‐‐‐‐‐‐‐‐‐‐‐‐‐‐‐‐‐‐‐‐‐‐‐‐‐‐‐‐‐‐‐‐‐‐‐‐‐‐‐‐

　　2．母は旅行にとても興味がある。

　　‐‐‐‐‐‐‐‐‐‐‐‐‐‐‐‐‐‐‐‐‐‐‐‐‐‐‐‐‐‐‐‐‐‐‐‐‐‐‐‐‐‐‐‐‐‐‐‐‐‐‐‐‐

**1**

课文　（2）短文　**黄金周**
Huángjīnzhōu

DL 04　CD 04

中国　也　有　黄金周。有"五一"黄金周　和"十一"
Zhōngguó yě yǒu Huángjīnzhōu. Yǒu "wǔyī" Huángjīnzhōu hé "shíyī"

黄金周，　都　是　大约　一周　时间。这　两个　季节　不　冷　不
Huángjīnzhōu, dōu shì dàyuē yìzhōu shíjiān. Zhè liǎngge jìjié bù lěng bú

热，气候　宜人，正是　旅行　的　好　时候。各个　旅游　景点　都
rè, qìhòu yírén, zhèngshì lǚxíng de hǎo shíhou. Gège lǚyóu jǐngdiǎn dōu

是　人山人海。
shì rénshānrénhǎi.

■ **連動文について** ■

　連動文は、同じ主語に対して、主に二つ以上の動詞（または動詞フレーズ）が連続して述語となる文です。連動文における動詞（または動詞フレーズ）は、その動作が起こる順に並べます。
　我去吃饭。→私は、（どこかの場所に）行き、食事をする＝私は食事をしに行く。
　他去商店买东西。→彼は、店に行って、買い物をする＝彼は店へ買い物をしに行く。
　　　　　　（商店 shāngdiàn：店）
　我开车去学校。→私は、車を運転して、学校に行く＝私は車で学校に行く。

■ **ことわざ**（谚语 yànyǔ）■

一年　之　计　在　于　春，一天　之　计　在　于　晨。
Yìnián zhī jì zài yú chūn, yìtiān zhī jì zài yú chén.

　中国では、会話をする時によくことわざを使います。これから会話力アップのためにことわざを覚えましょう。みなさん、新年に計画を立てていますか？毎朝、その日の計画を立てていますか？小さなことでも、計画を立てていきましょう。中国語では、"一年之计在于春，一天之计在于晨。"（一年の計画は春にあり、一日の計画は朝にある。）と言います。

# 第2课　图书馆怎么走?

**课文** （1）会话　**图书馆 怎么 走?**　　　🎧 DL 06　⊙ CD 06
　　　　　　　　 Túshūguǎn zěnme zǒu?

李 蒙 ： 你 知道 图书馆 怎么 走 吗?
Lǐ Měng 　 Nǐ zhīdào túshūguǎn zěnme zǒu ma?

福山 爱： 出门 向 西 走， 有 一 个 公园， 公园 附近 就是
Fúshān Ài　 Chūmén xiàng xī zǒu, yǒu yí ge gōngyuán, gōngyuán fùjìn jiùshì

　　　　　 图书馆。
　　　　　 túshūguǎn.

李 蒙 ： 图书馆 在 公园 附近， 环境 一定 很 安静。
Lǐ Měng 　 Túshūguǎn zài gōngyuán fùjìn, huánjìng yídìng hěn ānjìng.

福山 爱： 就是 啊! 我 下 课 后 经常 去 那里 学习。
Fúshān Ài　 Jiùshì a! Wǒ xià kè hòu jīngcháng qù nàli xuéxí.

---

**生词**　　　　　　　　　　　　　　　　🎧 DL 05　⊙ CD 05

| | | | | |
|---|---|---|---|---|
| 1. | 知道 | zhīdào 知っている | 17. | 但是　dànshì　でも、しかし |
| 2. | 图书馆 | túshūguǎn 図書館 | 18. | 比较　bǐjiào　比較的 |
| 3. | 出 // 门 | chū//mén 外に出る | 19. | 要　yào　～しなければならない |
| 4. | 向 | xiàng ～に向かって、～に | 20. | 一直　yìzhí　ずっと |
| 5. | 西 | xī 西 | 21. | 大概　dàgài　およそ、おそらく |
| 6. | 公园 | gōngyuán 公園 | 22. | 先~，然后（再）… xiān~, ránhòu(zài)… |
| 7. | 附近 | fùjìn 付近、近く | | 　　まず～して、それから… |
| 8. | 就 | jiù まさに | | 　　する |
| 9. | 环境 | huánjìng 環境 | 23. | 骑　qí　～に乗る |
| 10. | 一定 | yídìng きっと | 24. | 自行车　zìxíngchē　自転車 |
| 11. | 安静 | ānjìng 静かだ | 25. | 到　dào　～へ、～に |
| 12. | 就是啊 | jiùshì a そうです | 26. | 分钟　fēnzhōng　～分間 |
| 13. | 下 // 课 | xià//kè 授業が終わる | 27. | 拐　guǎi　曲がる |
| 14. | 后 | hòu ～してから、～したあと | 28. | 地铁站　dìtiězhàn　地下鉄の駅 |
| 15. | 经常 | jīngcháng いつも | 29. | 旁边　pángbiān　隣、そば |
| 16. | 北边 | běibiān 北側 | | |

# 2

**文法解説**

 DL 07   CD 07

**1** "先～，然后（再）…" 「まず～して、それから…する」

2つの行為の前後関係を順序立てて述べる時に使う。先に行うことを"先～"で示し、その次に続けて行うことを"然后（再）…"で示す。

(1) 明天 早上 我 **先** 去 医院， **然后 再** 去 学校。
　　Míngtiān zǎoshàng wǒ xiān qù yīyuàn, ránhòu zài qù xuéxiào.

(2) 儿子， 你 **先** 写好 作业， **然后 再** 去 玩儿。
　　Érzi, nǐ xiān xiěhǎo zuòyè, ránhòu zài qù wánr.

**練習** 次の文を中国語に訳しましょう。

1. 昨日、私は家に帰って、まず夕飯を食べて、それから宿題をした。

　　- - - - - - - - - - - - - - - - - - - - - - - - - - - - - - - - - - - - -

2. 彼はまず図書館に行って、それから公園に行くつもりだ。

　　- - - - - - - - - - - - - - - - - - - - - - - - - - - - - - - - - - - - -

**2** 前置詞"向" 後ろに方向・人・物を置く。「～に向かって」「～に」

(1) 你 一直 **向** 北走 就 是 车站。
　　Nǐ yìzhí xiàng běi zǒu jiù shì chēzhàn.

(2) 为 考试 取得 好 成绩， 我们 要 **向** 他 学习。
　　Wèi kǎoshì qǔdé hǎo chéngjì, wǒmen yào xiàng tā xuéxí.

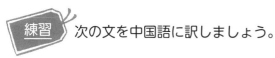 次の文を中国語に訳しましょう。

1. ここから西に行くと、図書館がある。

------------------------------------------------

2. 左に曲がってください。

------------------------------------------------

**3** 時間の量　「動詞（了）＋時間の量（＋目的語）」

| 一　年　　　两　年　　　三　年<br>yì nián　　liǎng nián　　sān nián | 一 个 月　　　两 个 月　　　四 个 月<br>yí ge yuè　　liǎng ge yuè　　sì ge yuè |
|---|---|
| 一 个 星 期　　　两 个 星 期<br>yí ge xīngqī　　liǎng ge xīngqī | 一　天　　两　天　　十　天<br>yì tiān　　liǎng tiān　　shí tiān |
| 一 个 小时　　两 个 小时<br>yí ge xiǎoshí　　liǎng ge xiǎoshí | 一　分钟　　两　分钟<br>yì fēnzhōng　　liǎng fēnzhōng |

（1）他 在 医院 住了 一 个 星期 。
　　Tā zài yīyuàn zhùle yí ge xīngqī.

（2）我 每天 打 两 个 小时 工 。
　　Wǒ měitiān dǎ liǎng ge xiǎoshí gōng.

 次の文を中国語に訳しましょう。

1. 私は毎日1時間中国語を勉強する。

------------------------------------------------

2. 私はテレビを30分見たい。

------------------------------------------------

2

课文 （2） 短文 **图书馆**
Túshūguǎn

DL 08　CD 08

| 图书馆 | 在 | 我们 | 学校 | 的 | 北边。 | 那里 | 环境 | 很 | 安静， |
|---|---|---|---|---|---|---|---|---|---|
| Túshūguǎn | zài | wǒmen | xuéxiào | de | běibiān. | Nàli | huánjìng | hěn | ānjìng, |

但是 比较 远。我 要 先 向 西 一直 走 大概 10 分钟，
dànshì bǐjiào yuǎn. Wǒ yào xiān xiàng xī yìzhí zǒu dàgài shí fēnzhōng,

然后 再 骑 自行车 向 北 拐， 到 北边 的 公园。公园
ránhòu zài qí zìxíngchē xiàng běi guǎi, dào běibiān de gōngyuán. Gōngyuán

附近 就是 图书馆， 地铁站 在 旁边， 很 方便。
fùjìn jiùshì túshūguǎn, dìtiězhàn zài pángbiān, hěn fāngbiàn.

■ **離合詞について** ■

　離合詞は動詞の一種で、離合動詞とも呼ばれます。"下课"、"见面"、"跳舞"、"唱歌" のように 2 字動詞の形をとり、辞書では "下//课" と表記します。また、次のようなルールがあります。
(1) 目的語を直接取ることができない。　例：我今天跟他见面。○　我今天见面他。×
(2) 離合詞の中の動詞成分や目的語成分を修飾する要素は中間にはさむことができる。
　　例：昨天，我下了课去打工了。

■ **ことわざ（谚语 yànyǔ）** ■

三 人 行， 必 有 我 师。
Sān rén xíng, bì yǒu wǒ shī.

　「三人行けば、必ず我が師有り。」三人で何かしら一緒になれば、必ずその中に見習うべき人がいるということ。『論語』述而篇に見える有名な言葉です。謙虚な気持ちを持ちましょう。

# 第3课 我把伞忘在教室里了。

（1）会话 **我 把 伞 忘在 教室 里 了。** 🎧 DL 10 💿 CD 10
Wǒ bǎ sǎn wàngzài jiàoshì li le.

李 蒙 ： **快 下雨 了，你 带 伞 了 吗?**
Lǐ Měng Kuài xiàyǔ le, nǐ dài sǎn le ma?

福山 爱 ： **带 了…可是 我 的 伞 怎么 没有 了?**
Fúshān Ài Dài le... kěshì wǒ de sǎn zěnme méiyou le?

李 蒙 ： **别 着急，你 肯定 把 伞 忘在 教室 里 了。**
Lǐ Měng Bié zháojí, nǐ kěndìng bǎ sǎn wàngzài jiàoshì li le.

福山 爱 ： **没 办法，那 我们 坐 出租车 走 吧!**
Fúshān Ài Méi bànfǎ, nà wǒmen zuò chūzūchē zǒu ba!

## 生词
🎧 DL 09 💿 CD 09

| | | | | | | |
|---|---|---|---|---|---|---|
| 1. 带 | dài | 持つ、引き連れる | | 14. 冰箱 | bīngxiāng | 冷蔵庫 |
| 2. 伞 | sǎn | 傘 | | 15. 它 | tā | それ、あれ |
| 3. 可是 | kěshì | でも、しかし | | 16. 有点儿 | yǒudiǎnr | 少し |
| 4. 怎么 | zěnme | どうして、なぜ | | 17. 旧 | jiù | 古い |
| 5. 别 | bié | 〜しないで | | 18. 应该 | yīnggāi | 〜のはずだ |
| 6. 着急 | zháojí | 焦る | | 19. 新鲜 | xīnxiān | 新鮮な |
| 7. 肯定 | kěndìng | きっと | | 20. 饮料 | yǐnliào | 飲み物 |
| 8. 忘在 | wàngzài | 〜に忘れる | | 21. 如果~，就… | rúguǒ~, jiù… | もし〜なら、… |
| 9. 里 | li | 〜の中 | | 22. 不用 | búyòng | 〜する必要がない |
| 10. 没办法 | méi bànfǎ | 仕方がない | | 23. 担心 | dānxīn | 心配する |
| 11. 坐 | zuò | 〜に乗る | | 24. 坏 | huài | 腐る、壊れる |
| 12. 出租车 | chūzūchē | タクシー | | 25. 方便 | fāngbiàn | 便利 |
| 13. 把 | bǎ | 〜を | | | | |

# 3

**文 法 解 説**　 DL 11　　CD 11

**1** "把" 構文　主語＋"把"＋目的語＋動詞＋その他の成分

　本来動詞の後ろに置く目的語を、"把"＋目的語とし、動詞の前に置く。目的語となる特定の事物に「どのような行為や処置を与えるのか」を明確に示す必要があるため、動詞の後ろには、結果補語や、行為の実現や変化を表す "了" などを置く。

（1）你　把　这个　饮料　喝　了　吧。
　　　Nǐ　bǎ　zhège　yǐnliào　hē　le　ba.

（2）我　经常　把　手机　忘在　家里。
　　　Wǒ jīngcháng　bǎ　shǒujī　wàngzài　jiāli.

（3）妈妈　已经　把　饭　做　好　了。
　　　Māma　yǐjīng　bǎ　fàn　zuò　hǎo　le.

 次の文を中国語に訳しましょう。

　　1. この日本語の翻訳をここに書いてください。

　　- - - - - - - - - - - - - - - - - - - - - - - - - - - - - - - - - - - -

　　2. 私はよく辞書を家に忘れる。

　　- - - - - - - - - - - - - - - - - - - - - - - - - - - - - - - - - - - -

**2** "如果～，就…" 「もし～なら、…」

（1）**如果** 没 带 伞，**就** 坐 出租车 回家。
　　Rúguǒ　méi　dài　sǎn,　jiù　zuò　chūzūchē　huíjiā.

（2）**如果** 下雨，**就** 不 去 图书馆。
　　Rúguǒ　xiàyǔ,　jiù　bú　qù　túshūguǎn.

 次の文を中国語に訳しましょう。

　　1．もしお金がなければ、家でテレビを見る。

　　------------------------------------------------

　　2．もし果物が腐っていたら、食べないで。

　　------------------------------------------------

---

**3** "应该" 「～しなければならない」「～のはずだ」

（1）你 的 电脑 太 旧 了，你 **应该** 买 一 个 新 的。
　　Nǐ　de　diànnǎo　tài　jiù　le,　nǐ　yīnggāi　mǎi　yí　ge　xīn　de.

（2）快 考试 了，你们 应该 学习，不 **应该** 去 打工。
　　Kuài　kǎoshì　le,　nǐmen　yīnggāi　xuéxí,　bù　yīnggāi　qù　dǎgōng.

 次の文を中国語に訳しましょう。

　　1．あなたは毎日勉強しなくてはいけない。

　　------------------------------------------------

　　2．今日は試験があるから、彼は来るはずだ。

　　------------------------------------------------

**3**

课文 (2) 短文 我 想 把 冰箱 卖 了。
Wǒ xiǎng bǎ bīngxiāng mài le. 🎧 DL 12 💿 CD 12

我 家 的 冰箱 有点儿 旧 了，我 想 把 它 卖 了，再
Wǒ jiā de bīngxiāng yǒudiǎnr jiù le, wǒ xiǎng bǎ tā mài le, zài

买 一 个 大 一点儿 的。如果 有 大 冰箱，我 就 可以 买
mǎi yí ge dà yìdiǎnr de. Rúguǒ yǒu dà bīngxiāng, wǒ jiù kěyǐ mǎi

很 多 新鲜 的 水果、饮料，应该 不用 担心 这些 东西 坏
hěn duō xīnxiān de shuǐguǒ, yǐnliào, yīnggāi búyòng dānxīn zhèxiē dōngxi huài

了，那 太 方便 了！
le, nà tài fāngbiàn le!

■ ことわざ (谚语 yànyǔ) ■

车 到 山 前 必 有 路。
Chē dào shān qián bì yǒu lù.

　このことわざの次のフレーズは"船到桥头自然直"です。困窮に陥っても、心配することはない。努力さえすれば、必ず道が開き、解決する方法が見つかるという意味です。

# 第4课　汉语比英语简单多了。

(1) 会话　汉语　比　英语　简单　多　了。　　🎧 DL 14　◉ CD 14
Hànyǔ　bǐ　Yīngyǔ　jiǎndān　duō　le.

李蒙：你　英语　学了　几　年？
Lǐ Měng　Nǐ　Yīngyǔ　xuéle　jǐ　nián?

福山爱：七　年。不过　学得　不　好。
Fúshān Ài　Qī　nián.　Búguò　xuéde　bù　hǎo.

李蒙：你　觉得　英语　难　还是　汉语　难？
Lǐ Měng　Nǐ　juéde　Yīngyǔ　nán　háishi　Hànyǔ　nán?

福山爱：我　觉得　汉语　比　英语　简单　多　了！
Fúshān Ài　Wǒ　juéde　Hànyǔ　bǐ　Yīngyǔ　jiǎndān　duō　le!

## 生词
🎧 DL 13　◉ CD 13

1. 不过　búguò　でも、しかし
2. 觉得　juéde　思う
3. 难　nán　難しい
4. 还是　háishi　それとも、やはり
5. 比　bǐ　～より
6. 简单　jiǎndān　簡単だ
7. 多了　duō le　ずっと
8. 岁　suì　歳
9. 自从　zìcóng　～より、～から
10. 上大学　shàng dàxué　大学に入る
11. 以后　yǐhòu　以降
12. 跟～一样　gēn~yíyàng　～と同じ
13. 平时　píngshí　普段
14. 总是　zǒngshì　いつも
15. 食堂　shítáng　食堂
16. 外面　wàimiàn　外
17. 自己　zìjǐ　自分
18. 发现　fāxiàn　わかる、気づく
19. 尽量　jǐnliàng　できるだけ
20. 带饭　dài fàn　弁当を持つ
21. 麻烦　máfan　面倒だ
22. 锻炼　duànliàn　鍛える
23. 自理　zìlǐ　自分でできる、自分で処理する
24. 能力　nénglì　能力

19

# 4

## 文 法 解 説

DL 15　　CD 15

**1** 比較文　A +"跟"+ B +"一样"（＋形容詞／動詞フレーズ）

「AはBと同じだ（同じように～だ）」

　AをBと比べる（Bが比較対象となる）。"一样"の後ろには形容詞・動詞フレーズを置き、「AはBと同じように～だ」とすることもできる。否定文では"不"を"一样"の前に置き"不一样"とする。

（1）汉语 **跟** 英语 **一样** 难。
　　 Hànyǔ gēn Yīngyǔ yíyàng nán.

（2）她 妹妹 **跟** 她 **一样** 是 大学生。
　　 Tā mèimei gēn tā yíyàng shì dàxuéshēng.

（3）我 的 词典 **跟** 你 的 词典 **不 一样**。
　　 Wǒ de cídiǎn gēn nǐ de cídiǎn bù yíyàng.

 次の文を中国語に訳しましょう。

1. この本はあの本と同じではない。

- - - - - - - - - - - - - - - - - - - - - - - - - - - - - - - - - - -

2. タクシーに乗ることは地下鉄に乗ることと同じように便利だ。

- - - - - - - - - - - - - - - - - - - - - - - - - - - - - - - - - - -

**2** 比較文　A +"比"+ B +形容詞（＋差量）　「AはBより（どれくらい）～だ」

否定文はA +"没有"+ B +形容詞　「AはBほど～ない」

（1）这个 食堂 的 面包 **比** 那个 食堂 的 好吃 多了。
　　 Zhège shítáng de miànbāo bǐ nàge shítáng de hǎochī duōle.

（2）我 爸爸 **比** 我 妈妈 大 两 岁。
　　 Wǒ bàba bǐ wǒ māma dà liǎng suì.

（3）今天　没有　昨天　热。
　　　Jīntiān　méiyǒu　zuótiān　rè.

 次の文を中国語に訳しましょう。

1．今年、日本は中国ほど暑くない。

- - - - - - - - - - - - - - - - - - - - - - - - - - - - - - - - - - - - - - - -

2．自炊は外食よりずっと安い。

- - - - - - - - - - - - - - - - - - - - - - - - - - - - - - - - - - - - - - - -

**3** 選択疑問文 "A还是B？" 「Aか、それともBか」

（1）你　吃　苹果　还是　吃　西瓜？
　　　Nǐ　chī　píngguǒ　háishi　chī　xīguā?

（2）你　暑假　回　老家　还是　去　旅游？
　　　Nǐ　shǔjià　huí　lǎojiā　háishi　qù　lǚyóu?

 次の文を中国語に訳しましょう。

1．このカバンは高いですか、それとも安いですか。

- - - - - - - - - - - - - - - - - - - - - - - - - - - - - - - - - - - - - - - -

2．あなたは野球が好きですか、それともサッカーが好きですか。

- - - - - - - - - - - - - - - - - - - - - - - - - - - - - - - - - - - - - - - -

🎧 DL 16　◎ CD 16

课文　(2) 短文　在　外面　吃　饭　没有　在　家　吃　饭　便宜。
Zài wàimiàn chī fàn méiyǒu zài jiā chī fàn piányi.

自从　上　大学　以后，我　就　一　个　人　生活。跟　其他
Zìcóng shàng dàxué yǐhòu, wǒ jiù yí ge rén shēnghuó. Gēn qítā

同学　一样，平时　上　学　很　忙，我　总是　在　学校　食堂
tóngxué yíyàng, píngshí shàng xué hěn máng, wǒ zǒngshì zài xuéxiào shítáng

或者　在　外面　吃　饭。周末　我　在　家　自己　做。我　发现
huòzhě zài wàimiàn chī fàn. Zhōumò wǒ zài jiā zìjǐ zuò. Wǒ fāxiàn

自己　做　饭　比　在　外面　吃　饭　便宜　多　了。以后　我　要
zìjǐ zuò fàn bǐ zài wàimiàn chī fàn piányi duō le. Yǐhòu wǒ yào

尽量　自己　做　饭，带　饭。自己　做　饭　比较　麻烦，可是　能
jǐnliàng zìjǐ zuò fàn, dài fàn. Zìjǐ zuò fàn bǐjiào máfan, kěshì néng

锻炼　自理　能力。
duànliàn zìlǐ nénglì.

◼ ことわざ（谚语 yànyǔ）

说　曹操，曹操　到。
Shuō Cáo Cāo, Cáo Cāo dào.

　「噂をすれば影」。曹操（155-220）は後漢末の人物で、三国時代における魏の礎を立て
ました。他人の噂話をしていると、その人が現れることがあるものです。このことわざで
は、曹操という実在する人物の名前が入っているところが面白いですね。

# 第5课　这家咖啡馆的咖啡越来越好喝了。

| 课文 | (1) 会话 | 这 | 家 | 咖啡馆 | 的 | 咖啡 | 越 | 来 | 越 | 好喝 | 了。 |

Zhè jiā kāfēiguǎn de kāfēi yuè lái yuè hǎohē le.

李 蒙 ：我 请客，你 想 喝 点儿 什么？
Lǐ Měng　Wǒ qǐngkè, nǐ xiǎng hē diǎnr shénme?

福山 爱：我 看看。有 可乐、珍珠奶茶…，最 想 喝 的 还是
Fúshān Ài　Wǒ kànkan. Yǒu kělè、zhēnzhū nǎichá..., zuì xiǎng hē de háishi

咖啡。
kāfēi.

李 蒙 ：好 的，那 我们 点 两 杯 咖啡，再 要 两 块 蛋糕
Lǐ Měng　Hǎo de, nà wǒmen diǎn liǎng bēi kāfēi, zài yào liǎng kuài dàngāo

吧。
ba.

福山 爱：(喝 了 一 口) 嗯，不错! 这 家 咖啡馆 的 咖啡 越
Fúshān Ài　(hē le yì kǒu) Ǹg, búcuò! Zhè jiā kāfēiguǎn de kāfēi yuè

来 越 好喝 了。
lái yuè hǎohē le.

## 生词

1. 请∥客　qǐng//kè　ご馳走する
2. 看看　kànkan　ちょっと見る
3. 可乐　kělè　コーラ
4. 珍珠奶茶　zhēnzhū nǎichá　タピオカミルクティー
5. 点　diǎn　注文する
6. 蛋糕　dàngāo　ケーキ
7. 嗯　ǹg　うん
8. 不错　búcuò　悪くない、良い
9. 家　jiā　店・会社等の数を数える量詞
10. 咖啡馆　kāfēiguǎn　喫茶店
11. 越来越~　yuè lái yuè~　ますます~だ
12. 了　le　変化を表す
13. 秋天　qiūtiān　秋
14. 成熟　chéngshú　成熟、実ること
15. 各种　gèzhǒng　各種
16. 蔬菜瓜果　shūcàiguāguǒ　野菜や果物
17. 琳琅满目　línlángmǎnmù　〈成語〉すばらしいものが多くあるさま
18. 穿　chuān　着る
19. 夏天　xiàtiān　夏
20. 地　de　連用修飾語を作るために用いる助詞
21. 因为　yīnwèi　なぜなら
22. 闷热　mēnrè　蒸し暑い
23. 而且　érqiě　それに
24. 由于　yóuyú　~のため
25. 地球　dìqiú　地球
26. 变　biàn　変わる、変える
27. 暖　nuǎn　暖かい
28. 影响　yǐngxiǎng　影響

**5**

**1** 　変化を表す "了" と未来完了の "了"

　変化の "了" は文末に付き、「状況の変化」「新しい事態の発生」を表す。未来完了の "了" は動詞の直後に付き、その後に異なる動詞フレーズが続くことで、「〜したら…する」という意味を表す。

(1) 今天 星期天 了, 你 打算 做 什么?
　　Jīntiān xīngqītiān le, nǐ dǎsuàn zuò shénme?

(2) 我 以后 要 尽量 自己 做饭 了。
　　Wǒ yǐhòu yào jǐnliàng zìjǐ zuòfàn le.

(3) 我 今天 下 了 课 去 图书馆 学习。
　　Wǒ jīntiān xià le kè qù túshūguǎn xuéxí.

練習　次の文を中国語に訳しましょう。

1. 12 時になった。（私たちは）食堂に行こう。

　　------------------------------------------------------------

2. 週末になったら、私は自炊をする。

　　------------------------------------------------------------

## 2 "越来越～" 「ますます～だ」 "越～越…" 「～すればするほど…だ」

（1）雨 下得 越 来 越 大 了, 我们 快 回家 吧。
Yǔ xiàde yuè lái yuè dà le, wǒmen kuài huíjiā ba.

（2）汉语 越 学 越 难 了。
Hànyǔ yuè xué yuè nán le.

 次の文を中国語に訳しましょう。

1. 中国語は話せば話すほど上手になる。

- - - - - - - - - - - - - - - - - - - - - - - - - - - - - - - - - - -

2. 最近ますます暑くなってきた。

- - - - - - - - - - - - - - - - - - - - - - - - - - - - - - - - - - -


## 3 形容詞の重ね方 "AABB"

（1）大家 都 喜欢 安安静静 的 环境。
Dàjiā dōu xǐhuan ānānjìngjìng de huánjìng.

（2）他 舒舒服服 地 坐 在 家里 看 电视。
Tā shūshūfúfú de zuò zài jiāli kàn diànshì.

 次の文を中国語に訳しましょう。

1. 彼女は大変嬉しそうに出かけた。

- - - - - - - - - - - - - - - - - - - - - - - - - - - - - - - - - - -

2. 友達はいつも大変きれいな服でコンサートに行く。

- - - - - - - - - - - - - - - - - - - - - - - - - - - - - - - - - - -

课文 (2) 短文 **天气 越 来 越 热 了。**
Tiānqì yuè lái yuè rè le.

🎧 DL 20　◎ CD 20

我 最 喜欢 秋天。秋天 是 成熟 的 季节, 各种 蔬菜
Wǒ zuì xǐhuan qiūtiān. Qiūtiān shì chéngshú de jìjié, gèzhǒng shūcài

瓜果 琳琅满目, 我 还 可以 穿得 漂漂亮亮 地 去 玩儿。
guāguǒ línlángmǎnmù, wǒ hái kěyǐ chuānde piàopiàoliàngliàng de qù wánr.

我 最 不 喜欢 夏天, 因为 夏天 闷热。而且, 由于 受 地球
Wǒ zuì bù xǐhuan xiàtiān, yīnwèi xiàtiān mēnrè. Érqiě, yóuyú shòu dìqiú

变暖 的 影响, 夏天 越 来 越 热 了。
biànnuǎn de yǐngxiǎng, xiàtiān yuè lái yuè rè le.

**■ ことわざ (谚语 yànyǔ)**

萝卜 白菜, 各 有 所 爱。
Luóbo báicài, gè yǒu suǒ ài.

　人によって好みはさまざまであること。日本語の「蓼（たで）食う虫も好き好き」に近いです。「萝卜」は大根、「蓼」は辛みを持つタデ科の植物。同じような意味でも、日本語と中国語とでは異なるものを出すところが面白いですね。

# 第6课 老师进教室来了。

**课文** (1) 会话 老师 进 教室 来 了。
Lǎoshī jìn jiàoshì lái le.

DL 22　CD 22

李 蒙 : 你 今天 的 考试 准备 得 怎么样 了?
Lǐ Měng　　Nǐ jīntiān de kǎoshì zhǔnbèi de zěnmeyàng le?

福山 爱: 我 这几天 生病 了, 一 学习 就 头疼。
Fúshān Ài　　Wǒ zhèjǐtiān shēngbìng le, yì xuéxí jiù tóuténg.

李 蒙 : 你 平时 很 努力, 没 问题。
Lǐ Měng　　Nǐ píngshí hěn nǔlì, méi wèntí.

福山 爱: 我 很 紧张。哎! 老师 进 教室 来 了!
Fúshān Ài　　Wǒ hěn jǐnzhāng. Āi! Lǎoshī jìn jiàoshì lái le!

## 生词

DL 21　CD 21

1. 这几天　zhèjǐtiān　ここ数日
2. 生//病　shēng//bìng　病気になる
3. 一～就…　yī~ jiù…　～するとすぐ…
4. 头疼　tóuténg　頭痛
5. 没问题　méi wèntí　大丈夫
6. 紧张　jǐnzhāng　緊張する
7. 进来　jìnlai　入ってくる
8. 哎　āi　あっ、おや
9. 感冒　gǎnmào　風邪（をひく）
10. 发烧　fāshāo　熱がでる
11. 咳嗽　késou　咳をする
12. 难受　nánshòu　つらい
13. 药　yào　薬
14. 给　gěi　くれる、あげる
15. 过期　guò qī　期限が過ぎる
16. 请//假　qǐng//jià　休みを取る
17. 看医生　kàn yīshēng　医者に診てもらう
18. 看//见　kàn//jiàn　見かける、目に入る
19. 病人　bìngrén　患者
20. 快点儿　kuàidiǎnr　早く
21. 出来　chūlai　出てくる

**6**

# 文 法 解 説

🎧 DL 23　◎ CD 23

**1** 単純方向補語

　動詞の後ろに，"来、去" がつくと、動作の方向を表す。目的語が場所の場合は必ず「動詞＋目的語＋方向補語」の語順となる。

（1）我们 进 咖啡馆 去 喝 咖啡 吧。
　　 Wǒmen jìn kāfēiguǎn qù hē kāfēi ba.

（2）下来 吧! 我们 一起 玩儿 游戏。
　　 Xiàlai ba! Wǒmen yìqǐ wánr yóuxì.

（3）明天 别 忘了 把 课本 带来。
　　 Míngtiān bié wàngle bǎ kèběn dàilai.

**練習** 次の文を中国語に訳しましょう。

　1. 彼は図書館から出てきた。

　　--------------------------------------------------

　2. あなたのご両親はいつ家に帰ってきますか。

　　--------------------------------------------------

**2** "是～的" 実現済みの事柄について、時間・場所・方法などを強調して説明するときに使う。

(1) 晚饭 我 是 在 家 吃 的。
　　Wǎnfàn wǒ shì zài jiā chī de.

(2) 昨天 我 是 坐 出租车 来 的。
　　Zuótiān wǒ shì zuò chūzūchē lái de.

 次の文を中国語に訳しましょう。

1. あなたはいつ帰国したのですか。

- - - - - - - - - - - - - - - - - - - - - - - - - - - - - - - - - - - - - - - - - - - - - -

2. この本を、あなたはどこで買ったのですか。

- - - - - - - - - - - - - - - - - - - - - - - - - - - - - - - - - - - - - - - - - - - - - -


**3** "一～就…" 「～するとすぐ…」

(1) 我 一 下 课 就 去 打 篮球。
　　Wǒ yí xià kè jiù qù dǎ lánqiú.

(2) 一 到 家 就 做 饭。
　　Yí dào jiā jiù zuò fàn.

 次の文を中国語に訳しましょう。

1. 私は家に帰るとすぐに宿題をする。

- - - - - - - - - - - - - - - - - - - - - - - - - - - - - - - - - - - - - - - - - - - - - -

2. 見ればすぐにわかりますよ。

- - - - - - - - - - - - - - - - - - - - - - - - - - - - - - - - - - - - - - - - - - - - - -

**6**

课文 (2) 短文 **这 是 去年 买 的 药。**
Zhè shì qùnián mǎi de yào.

🎧 DL 24　◎ CD 24

我　最近　感冒　了。头疼、发烧、咳嗽，非常　难受。这些
Wǒ zuìjìn gǎnmào le. Tóuténg, fāshāo, késou, fēicháng nánshòu. Zhèxiē

感冒　药　是　去年　我　妈妈　给　我　的，已经　过　期　了。今天
gǎnmào yào shì qùnián wǒ māma gěi wǒ de, yǐjīng guò qī le. Jīntiān

请了　一　天　假，去　医院　看　医生。一　到　医院，就　看见
qǐngle yì tiān jià, qù yīyuàn kàn yīshēng. Yí dào yīyuàn, jiù kànjiàn

有　很　多　病人，我　想　快点儿　从　医院　出来　回　家　去。
yǒu hěn duō bìngrén, wǒ xiǎng kuàidiǎnr cóng yīyuàn chūlai huí jiā qù.

■ **ことわざ（谚语 yànyǔ）** ■

儿　行　千里　母　担忧。
Ér xíng qiānlǐ mǔ dānyōu.

　子が遠くへ旅立てば、母親は心配して気にかけるものだということ。「忧」は、「憂える」という意味です。現代では電話やインターネットによって簡単に連絡を取ることができますが、やはり子を案じる思いそのものは時代に関係なくあるものです。

# 第7课　请把这个行李箱拿进来吧！

课文　(1) 会话　请　把　这个　行李箱　拿进来　吧！　🎧 DL 26　◎ CD 26
　　　　　　　　Qǐng bǎ zhège xínglixiāng nájinlai ba!

李蒙：怎么？你 又 搬家 了？
Lǐ Měng　Zěnme? Nǐ yòu bānjiā le?

福山 爱：是 啊！以后 我 还 打算 搬得 再 近 一点儿 呢。
Fúshān Ài　Shì a! Yǐhòu wǒ hái dǎsuàn bānde zài jìn yìdiǎnr ne.

李蒙：真 佩服 你！需要 我 帮忙 吗？
Lǐ Měng　Zhēn pèifú nǐ! Xūyào wǒ bāngmáng ma?

福山 爱：请 把 这个 行李箱 拿进 房间 来 吧！
Fúshān Ài　Qǐng bǎ zhège xínglixiāng nájìn fángjiān lái ba!

生词　🎧 DL 25　◎ CD 25

1. 又～了　　yòu～le　また～する、また～になる
2. 搬//家　　bān//jiā　引っ越しする
3. 还　　　　hái　まだ
4. 再　　　　zài　もっと、また、もう一度
5. 佩服　　　pèifú　感心する
6. 需要　　　xūyào　必要である
7. 帮//忙　　bāng//máng　手伝う
8. 行李箱　　xínglixiāng　スーツケース
9. 拿　　　　ná　持つ
10. 机票　　　jīpiào　航空券
11. 韩国　　　Hánguó　韓国
12. 机场　　　jīchǎng　空港
13. 提前　　　tíqián　前もって
14. 一边～一边…　yìbiān～yìbiān…　～しながら…する
15. 排队　　　páiduì　列に並ぶ
16. 柜台　　　guìtái　カウンター
17. 护照　　　hùzhào　パスポート
18. 到处　　　dàochù　至るところ
19. 找　　　　zhǎo　探す
20. 只好　　　zhǐhǎo　～するしかない

# 7

## 文法解説

 DL 27　CD 27

**1** 複合方向補語

　以下の表の組み合わせで動作の方向性を示します。目的語を置く場所については、単純方向補語と同じように注意が必要です。

|  | 上 | 下 | 进 | 出 | 过 | 回 | 起 |
|---|---|---|---|---|---|---|---|
| 来 | 上来<br>shànglai | 下来<br>xiàlai | 进来<br>jìnlai | 出来<br>chūlai | 过来<br>guòlai | 回来<br>huílai | 起来<br>qǐlai |
| 去 | 上去<br>shàngqu | 下去<br>xiàqu | 进去<br>jìnqu | 出去<br>chūqu | 过去<br>guòqu | 回去<br>huíqu | — |

（1）我 想 把 这 张 桌子 搬进 房间 去。
　　 Wǒ xiǎng bǎ zhè zhāng zhuōzi bān jìn fángjiān qù.

（2）爸爸 买回来 很 多 水果。
　　 Bàba mǎi huílai hěn duō shuǐguǒ.

練習　次の文を中国語に訳しましょう。

　　1．彼女はカバンから一冊の本を取り出した。

　　---------------------------------------------------------------

　　2．仕方なく、私は大学に帰るしかなかった。

　　---------------------------------------------------------------

## 2 "一边～一边…" 「～しながら…する」

(1) 一边 吃 饭 一边 看 手机 不 是 好 习惯。
Yìbiān chī fàn yìbiān kàn shǒujī bú shì hǎo xíguàn.

(2) 他 一边 听 音乐 一边 做 作业。
Tā yìbiān tīng yīnyuè yìbiān zuò zuòyè.

 次の文を中国語に訳しましょう。

1. 私はいつもテレビを見ながら宿題をする。

--------------------------------------------------

2. 母は歌を歌いながら料理を作る。

--------------------------------------------------

## 3 "又"、"再" 「また」

(1) 他 昨天 又 来 了，明天 还 再 来。
Tā zuótiān yòu lái le, míngtiān hái zài lái.

(2) 这些 苹果 又 坏 了，我们 再 买 几 个 新鲜 的 吧。
Zhèxiē píngguǒ yòu huài le, wǒmen zài mǎi jǐ ge xīnxiān de ba.

 次の文を中国語に訳しましょう。

1. もう一度言って下さい。

--------------------------------------------------

2. パソコンがまた壊れた。

--------------------------------------------------

**课文** (2) 短文 请 把 护照 拿 出来。
Qǐng bǎ hùzhào ná chūlai.

🎧 DL 28　◎ CD 28

去年 暑假, 我 买好了 机票, 准备 去 韩国 旅行。我
Qùnián shǔjià, wǒ mǎihǎole jīpiào, zhǔnbèi qù Hánguó lǚxíng. Wǒ

提前 两 个 小时 就 到了 机场, 我 一边 看 手机 一边
tíqián liǎng ge xiǎoshí jiù dàole jīchǎng, wǒ yìbiān kàn shǒujī yìbiān

排队。到了 柜台, 他们 说:"请 把 护照 拿出来", 可是
páiduì. Dàole guìtái, tāmen shuō: "Qǐng bǎ hùzhào náchūlai", kěshì

到处 找 也 没 找到。没 办法, 我 只好 回家 去 了。
dàochù zhǎo yě méi zhǎodào. Méi bànfǎ, wǒ zhǐhǎo huíjiā qù le.

■ ことわざ (谚语 yànyǔ)

千里 之 行, 始 于 足 下。
Qiānlǐ zhī xíng, shǐ yú zú xià.

「千里というはるかな道のりも、まずは足もとの一歩を歩むことから始まる。」物事というものは、手近なところから始めるものだ、ということです。どこから手をつけてよいかわからない大きな仕事も、まずは簡単なところから始めてみるとよいですね。

# 第8课　太贵了，买不起。

🎧 DL 30　💿 CD 30

**课文** （1）会话　**太 贵 了，买不起。**
Tài　guì　le,　mǎibuqǐ.

李 蒙　　**你 看，这 条 红色 的 裙子 不错 吧?**
Lǐ Měng　Nǐ　kàn,　zhè tiáo hóngsè de　qúnzi búcuò　ba?

福山 爱：**我 觉得 黑色 的 更 适合 我。**
Fúshān Ài　Wǒ　juéde　hēisè　de gèng shìhé　wǒ.

李 蒙　　**那 你 买 这 条 黑色 的 吧。**
Lǐ Měng　Nà　nǐ　mǎi zhè tiáo hēisè　de　ba.

福山 爱：**黑色 的 太 贵 了，买不起!**
Fúshān Ài　Hēisè　de　tài　guì　le,　mǎibuqǐ!

**生词**

🎧 DL 29　💿 CD 29

| | | | | | |
|---|---|---|---|---|---|
| 1. | 条 | tiáo　スカートやズボン等を数える量詞 | 11. | 极了 | jíle　とても~だ |
| 2. | 红色 | hóngsè　赤色 | 12. | 不但~，而且… | búdàn~, érqiě…　~だけではなく、…だ |
| 3. | 裙子 | qúnzi　スカート | | | |
| 4. | 黑色 | hēisè　黑色 | 13. | 上班 | shàngbān　仕事に行く |
| 5. | 更 | gèng　さらに | 14. | 怎么也 | zěnme yě~　どうしても~ |
| 6. | 适合 | shìhé　似合う | 15. | 找不到 | zhǎobudào　見つからない |
| 7. | 买不起 | mǎibuqǐ　（お金がないという理由で）買えない | 16. | 奇怪 | qíguài　おかしい、変だ |
| | | | 17. | 半天 | bàntiān　長い間 |
| 8. | 蓝 | lán　青 | 18. | 原来 | yuánlái　なんと（~だったのか） |
| 9. | 颜色 | yánsè　色 | 19. | 小狗 | xiǎogǒu　子犬 |
| 10. | 衬衫 | chènshān　ブラウス、シャツ | 20. | 客厅 | kètīng　客間 |

**8**

 DL 31  ◉ CD 31

**1** 可能補語

　「動詞＋"得"／"不"＋結果補語 / 方向補語」の形で、「〜できる」「〜できない」という
意味を表す。

（1）在 外面 吃饭 太 贵 了，我 吃不起 。
　　　Zài wàimian chīfàn　tài　guì　le,　wǒ　chībuqǐ.

（2）山 太 高 了，我 爬不上 去。
　　　Shān tài gāo le,　wǒ　pábushang　qù.

（3）老师 说 的 话 你 听得见 听不见？
　　　Lǎoshī shuō de huà nǐ　tīngdejiàn　tīngbujiàn?

練習 次の文を中国語に訳しましょう。

　　1. このパソコンは高すぎて、私は買えない。

　　--------------------------------------------------

　　2. 友人たちの話が聞こえる。

　　--------------------------------------------------

**2** "不但～，而且…" 「～だけではなく、…だ」

（1）这 条 裙子 不但 漂亮，而且 便宜。
Zhè tiáo qúnzi búdàn piàoliang, érqiě piányi.

（2）我 不但 会 说 汉语，而且 还 会 说 英语。
Wǒ búdàn huì shuō Hànyǔ, érqiě hái huì shuō Yīngyǔ.

 次の文を中国語に訳しましょう。

1．彼は日本語が話せるだけでなく、中国語も話せる。

- - - - - - - - - - - - - - - - - - - - - - - - - - - - - - - - - - - - - - - - - - -

2．あの店は、衣服を売るだけでなく、雑誌も売っている。

- - - - - - - - - - - - - - - - - - - - - - - - - - - - - - - - - - - - - - - - - - -

**3** "～极了" 「本当に～」

（1）我 感冒 了，难受 极 了。
Wǒ gǎnmào le, nánshòu jí le.

（2）这里 的 环境 安静 极 了。
Zhèli de huánjìng ānjìng jí le.

 次の文を中国語に訳しましょう。

1．今年の夏は本当に暑い。

- - - - - - - - - - - - - - - - - - - - - - - - - - - - - - - - - - - - - - - - - - -

2．あなたと知り合えて、本当に嬉しいです。

- - - - - - - - - - - - - - - - - - - - - - - - - - - - - - - - - - - - - - - - - - -

课文 （2） 短文 **我 的 衬衫 呢？怎么 找不到 了？** 🎧 DL 32 💿 CD 32
Wǒ de chènshān ne? Zěnme zhǎobudào le?

我 有 一 件 蓝 颜色 的 衬衫，我 喜欢 极 了。不但
Wǒ yǒu yí jiàn lán yánsè de chènshān, wǒ xǐhuan jí le. Búdàn

上课 穿，而且 上班 也 穿。可是，今天 早上 我 怎么 也
shàngkè chuān, érqiě shàngbān yě chuān. Kěshì, jīntiān zǎoshang wǒ zěnme yě

找不到 了。奇怪，它 去 哪儿 了 呢？找了 半天，原来 是
zhǎobudào le. Qíguài, tā qù nǎr le ne? Zhǎole bàntiān, yuánlái shì

我 的 小狗 把 它 拿进 客厅 里 去 了。
wǒ de xiǎogǒu bǎ tā nájìn kètīng li qù le.

**■ ことわざ（谚语 yànyǔ）■**

一 分 钱 一 分 货。
Yì fēn qián yì fēn huò.

　買い物をする時、品質を重視しますか、それとも値段を重視しますか。"一分钱一分货"とは、「品質は値段次第」という意味です。日本語にも買い物に関連する言葉として、「安かろう悪かろう」、「安物買いの銭失い」がありますね。

# 第9课 让我们唱首歌吧。

(1) 会话 **让 我们 唱 首 歌 吧。** 🎧 DL 34 💿 CD 34
Ràng wǒmen chàng shǒu gē ba.

李 蒙 : 马上 就 要 过 年 了， 你们 有 什么 活动？
Lǐ Měng　 Mǎshàng jiù yào guò nián le,　 nǐmen yǒu shénme huódòng?

福山 爱: 我们 打算 举行 一 个 联欢会。
Fúshān Ài　 Wǒmen dǎsuàn jǔxíng yí ge liánhuānhuì.

李 蒙 : 那 很 好。 我 可以 参加 吗?
Lǐ Měng　 Nà hěn hǎo. Wǒ kěyǐ cānjiā ma?

福山 爱: 当然 可以， 让 我们 一起 唱 首 歌 吧!
Fúshān Ài　 Dāngrán kěyǐ,　 ràng wǒmen yìqǐ chàng shǒu gē ba!

## 生词 🎧 DL 33 💿 CD 33

1. 马上　　 mǎshàng　 すぐ
2. 就要~了　 jiùyào~le　 もうすぐ~だ
3. 过年　　 guò nián　 正月を迎える
4. 活动　　 huódòng　 イベント、催し物
5. 举行　　 jǔxíng　 催しを行う
6. 联欢会　 liánhuānhuì　 懇親会
7. 当然　　 dāngrán　 もちろん、当然
8. 让　　　 ràng　 ～させる
9. 首　　　 shǒu　 歌を数える量詞
10. 不是~吗? bú shì~ma?　 ～ではないか、～じゃ
　　　　　　　　　　　ないか
11. 西红柿　 xīhóngshì　 トマト

12. 炒　　　 chǎo　 炒める
13. 鸡蛋　　 jīdàn　 （鶏の）卵
14. 教教　　 jiāojiao　 ちょっと教える
15. 家常菜　 jiācháng cài　 家庭料理
16. 做法　　 zuòfǎ　 作り方
17. 切片　　 qiēpiàn　 薄く切る
18. 放　　　 fàng　 入れる、置く
19. 最后　　 zuìhòu　 最後
20. 盐　　　 yán　 塩
21. 难忘　　 nánwàng　 忘れられない
22. 会~的　　 huì~de　 ～はずだ

# 9

**1** 使役動詞 "使"、"让"、"叫"　「～させる」

　「A（使役する側）＋"使／让／叫"＋B（使役される側）＋動作行為」で、「AはBに～させる」という使役を表す。否定形は、"使／让／叫"の前に "不／没" を置く。

（1）做饭　可以　使　人　锻炼　自理　能力。
　　 Zuòfàn　kěyǐ　shǐ　rén　duànliàn　zìlǐ　nénglì.

（2）妈妈　不让　我　穿　这　条　裙子。
　　 Māma　bú ràng　wǒ chuān zhè tiáo qúnzi.

練習　次の文を中国語に訳しましょう。

　1．一緒に懇親会に参加しましょう。（"让" を使って）

　‑‑‑‑‑‑‑‑‑‑‑‑‑‑‑‑‑‑‑‑‑‑‑‑‑‑‑‑‑‑‑‑‑‑‑‑‑‑‑‑‑‑‑‑‑‑‑‑‑‑‑‑‑‑‑‑‑‑

　2．夜の9時以降、母は私にテレビを見せない。

　‑‑‑‑‑‑‑‑‑‑‑‑‑‑‑‑‑‑‑‑‑‑‑‑‑‑‑‑‑‑‑‑‑‑‑‑‑‑‑‑‑‑‑‑‑‑‑‑‑‑‑‑‑‑‑‑‑‑

**2** "不是～吗？"　「～ではないか」「～じゃないか」
　　　　　　　　　反語表現の一つで、強い肯定を表す。

（1）你　不 是　日本人　吗？　怎么　不　会　做　饭团？
　　 Nǐ　bú shì　Rìběnrén　ma?　Zěnme　bú　huì　zuò　fàntuán?

（2）昨天　不 是　星期天　吗？　怎么　来　学校　了？
　　 Zuótiān　bú shì　xīngqītiān　ma?　Zěnme　lái　xuéxiào　le?

次の文を中国語に訳しましょう。

1．あなたは熱が出たんじゃないの。どうして学校に来たの。

---

2．父さんは地下鉄で出勤する予定じゃなかったの。

---

**3** 動詞の重ね型

　動詞を重ねることにより、軽く行うことや試みることを表す。「ちょっと〜する」「〜してみる」

（1）这个　周末　有　音乐会，我们　去　听听　吧!
　　 Zhège zhōumò yǒu yīnyuèhuì, wǒmen qù tīngting ba!

（2）我们　应该　经常　锻炼锻炼　身体。
　　 Wǒmen yīnggāi jīngcháng duànliànduànliàn shēntǐ.

 次の文を中国語に訳しましょう。

1．ちょっと助けて、この字はどう書きますか？

---

2．この料理の作り方は、彼に教えてもらって。

---

课文 （2）短文 **西红柿 炒 鸡蛋。** 🎧 DL 36　◎ CD 36
Xīhóngshì chǎo jīdàn.

你 不 是 想 吃 西红柿 炒 鸡蛋 吗？我 教教 你。这
Nǐ bú shì xiǎng chī xīhóngshì chǎo jīdàn ma? Wǒ jiāojiao nǐ. Zhè

是 中国人 的 家常 菜，做法 也 很 简单。先 把 西红柿
shì Zhōngguórén de jiācháng cài, zuòfǎ yě hěn jiǎndān. Xiān bǎ xīhóngshì

切 片，然后 和 鸡蛋 一起 炒，最后 放 一点儿 盐。你
qiē piàn, ránhòu hé jīdàn yìqǐ chǎo, zuìhòu fàng yìdiǎnr yán. Nǐ

试试，这个 菜 一定 会 让 你 难忘 的。
shìshi, zhège cài yídìng huì ràng nǐ nánwàng de.

**■ ことわざ（谚语 yànyǔ）■**

失败 乃 成功 之 母。
Shībài nǎi chénggōng zhī mǔ.

「失敗は成功の母」。失敗してもその原因を追究したり、欠点を反省して改善していくことで、かえって成功に近づくことができるということです。

# 第10课　信用卡被我弄丢了。

DL 38　CD 38

**课文** （1）会话　信用卡　被　我　弄丢　了。
Xìnyòngkǎ　bèi　wǒ　nòngdiū　le.

李 蒙 ： 这个　商店　可以　用　信用卡　支付　了。
Lǐ Měng　　Zhège shāngdiàn　kěyǐ　yòng　xìnyòngkǎ　zhīfù　le.

福山 爱： 我　用　现金　付账。
Fúshān Ài　Wǒ　yòng　xiànjīn　fùzhàng.

李 蒙 ： 为什么?　那　多　麻烦。
Lǐ Měng　　Wèishénme?　Nà　duō　máfan.

福山 爱： 信用卡　被　我　弄丢　了。
Fúshān Ài　Xìnyòngkǎ　bèi　wǒ　nòngdiū　le.

**生词**

DL 37　CD 37

| | | | | | | |
|---|---|---|---|---|---|---|
| 1. | 用 | yòng | 使う | 11. | 借走 | jièzǒu　借りていく |
| 2. | 信用卡 | xìnyòngkǎ | クレジットカード | 12. | 只有～，才… | zhǐyǒu～, cái…　～してこそはじめて…だ |
| 3. | 支付 | zhīfù | 支払う | | | |
| 4. | 现金 | xiànjīn | 現金、キャッシュ | 13. | 给 | gěi　～に |
| 5. | 付账 | fùzhàng | 勘定を支払う | 14. | 打电话 | dǎ diànhuà　電話をかける |
| 6. | 多 | duō | なんと～、どんなに～ | 15. | 让 | ràng　～される |
| 7. | 被 | bèi | ～される | 16. | 还 | huán　返す、返却する |
| 8. | 弄 | nòng | する、いじる | 17. | 才 | cái　やっと |
| 9. | 丢 | diū | なくす、紛失する | 18. | 接通 | jiētōng　（電話が）つながる |
| 10. | 就 | jiù | もう | | | |

# 10

**文 法 解 説**

**1** 受身文

　「A（行為を受ける側）＋ "被／让／叫" ＋B（行為者）＋動詞フレーズ」で、「AがBに〜される」という受身を表す。また、"被" の後の行為者を明示する必要がないときは、行為者を省略することができる。

（1）伞 被 （我） 忘在 教室 里 了。
　　　Sǎn bèi （wǒ） wàngzài jiàoshì li le.

（2）我 的 手机 让 我 儿子 弄坏 了。
　　　Wǒ de shǒujī ràng wǒ érzi nònghuài le.

 次の文を中国語に訳しましょう。

　　1. 私の自転車は彼に乗って行かれた。

　　　-------------------------------------

　　2. このリンゴは弟に食べられてしまった。

　　　-------------------------------------

**2** "只有〜，才…" 「〜してこそはじめて…だ」
　　　　　　　　　　　　「〜しなければ…ない」

（1）只有 在 咖啡馆， 才 能 喝到 这么 好喝 的 咖啡。
　　　Zhǐyǒu zài kāfēiguǎn, cái néng hēdào zhème hǎohē de kāfēi.

（2）只有 你， 才 能 帮助 我。
　　　Zhǐyǒu nǐ, cái néng bāngzhù wǒ.

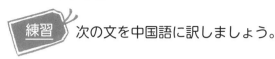 次の文を中国語に訳しましょう。

    1．車だからこそ、そこに行くことができる。

---

    2．秋でなければ、こんなにおいしい果物を食べられない。

---

## 3　"就" と "才" の用法

　"就" は「すでに、もう」。動作・行為の実現が早いことを表す。前には時間詞か、時間・時期を表す語句がくる。"才" は、反対に実現が遅いことを表す。「やっと、ようやく」。

（1）我　女儿　两　岁　就　会　唱歌　了。
　　　Wǒ　nǚ'ér　liǎng　suì　jiù　huì　chànggē　le.

（2）九　点　就　上课　了，他　十　点　才　来。
　　　Jiǔ　diǎn　jiù　shàngkè　le,　tā　shí　diǎn　cái　lái.

練習　次の文を中国語に訳しましょう。

    1．8時に仕事が始まるのに、彼は6時には家を出た。

---

    2．私は午後2時になってやっと昼食を食べることができた。

---

课文 （2）短文 **我 的 自行车 被 借走 了。** 🎧 DL 40  ◎ CD 40

Wǒ de zìxíngchē bèi jièzǒu le.

上 个 星期, 我 的 自行车 就 被 我 的 同学 借走
Shàng ge xīngqī, wǒ de zìxíngchē jiù bèi wǒ de tóngxué jièzǒu

了。今天 我 想 去 图书馆, 可是 太 远 了。只有 骑
le. Jīntiān wǒ xiǎng qù túshūguǎn, kěshì tài yuǎn le. Zhǐyǒu qí

自行车 才 能 去 图书馆。我 给 他 打 电话, 让 他 把
zìxíngchē cái néng qù túshūguǎn. Wǒ gěi tā dǎ diànhuà, ràng tā bǎ

自行车 还 给 我, 打了 一 个 小时 才 接通。他 说:
zìxíngchē huán gěi wǒ, dǎle yí ge xiǎoshí cái jiētōng. tā shuō:

"自行车 让 我 弄丢 了!"
"zìxíngchē ràng wǒ nòngdiū le!"

### ことわざ（谚语 yànyǔ）

**己 所 不 欲, 勿 施 于 人。**
Jǐ suǒ bú yù, wù shī yú rén.

「己の欲せざる所、人に施すこと勿れ。」（『論語』顔淵篇）自分がしてほしくないことは、人にもするべきではないということ。相手の立場に立って物事を考えることの大切さを教えてくれる言葉です。

# 第11课 校园里种着很多树。

课文 (1) 会话 校园 里 种着 很 多 树。　　🎧 DL 42　◎ CD 42
Xiàoyuán li zhòngzhe hěn duō shù.

李 蒙　：最近 不 是 刮风 就是 下雨。
Lǐ Měng　Zuìjìn bú shì guāfēng jiùshì xiàyǔ.

福山 爱：不过，今天 是 好 天气，终于 出 太阳 了。
Fúshān Ài　Búguò, jīntiān shì hǎo tiānqì, zhōngyú chū tàiyáng le.

李 蒙　：你 看，校园 里 种着 很 多 树，有的 已经 开花
Lǐ Měng　Nǐ kàn, xiàoyuán li zhòngzhe hěn duō shù, yǒude yǐjīng kāihuā

了。
le.

福山 爱：我们 过去 看看 吧。
Fúshān Ài　Wǒmen guòqu kànkan ba.

## 生词　　🎧 DL 41　◎ CD 41

1. 不是～就是… bú shì~jiùshì… ～でなければ…だ
2. 刮 // 风　guā//fēng 風が吹く
3. 天气　tiānqì 天気
4. 终于　zhōngyú やっと、ようやく
5. 太阳　tàiyáng 太陽
6. 校园　xiàoyuán キャンパス
7. 种　zhòng 植える
8. 着　zhe 持続を表す助詞
9. 树　shù 木
10. 有的　yǒude あるもの
11. 开花　kāihuā 花が咲く
12. 过去　guòqu 向こうへ行く
13. 关于　guānyú ～について、～に関して
14. 人际关系　rénjì guānxi 人間関係
15. 重要　zhòngyào 重要
16. 怎样　zěnyàng どのように、どうすれば
17. 建立　jiànlì 構築する
18. 和谐　héxié 調和した
19. 认为　rènwéi 思う、考える
20. 脸　liǎn 顔
21. 常常　chángcháng いつも
22. 带　dài 帯びる
23. 微笑　wēixiào 微笑み
24. 说 // 话　shuō//huà 話す
25. 时　shí ～のとき
26. 多　duō 動詞の前について、よくその行為を行うことを表す
27. 这样　zhèyàng このように
28. 词语　cíyǔ 言葉
29. 别人　biérén 他の人

# 11

## 文法解説

**1** 動作・状態の持続を表す "着" 「〜ている」「〜てある」

　その動作や状態が持続していることを表す。また、動作を終えた後も、動作の結果が持続していることを表す。文末に "呢" をつけて、"動詞＋着〜呢" の形で表すことが多い。

(1) 我 带着 午饭 呢，你 带 着 呢 吗?
　　Wǒ dài zhe wǔfàn ne, nǐ dài zhe ne ma?

(2) 书包 里 放着 手机 和 课本，没 放 着 电脑。
　　Shūbāo li fàng zhe shǒujī hé kèběn, méi fàng zhe diànnǎo.

(3) 孩子们 唱着 歌，跳着 舞。
　　Háizimen chàng zhe gē, tiào zhe wǔ.

**練習** 次の文を中国語に訳しましょう。

1．今日彼は青いシャツを着ているよ。

-------------------------------------------------

2．椅子に一人の学生が座っている。

-------------------------------------------------

**2** "不是～就是…"  「～でなければ…だ」

（1）回到 家， 不 是 吃饭 就是 睡觉。
　　Huídào jiā, bú shì chīfàn jiùshì shuìjiào.

（2）他 不 是 在 图书馆 学习， 就是 在 公园 打 排球。
　　Tā bú shì zài túshūguǎn xuéxí, jiùshì zài gōngyuán dǎ páiqiú.

 次の文を中国語に訳しましょう。

　　1．彼は、日本人でなければ中国人だ。

　　-------------------------------------------------

　　2．母は、料理をするのでなければ、新聞を読んでいる。

　　-------------------------------------------------


**3** 前置詞 "关于"  「～について」「～に関して」

（1）关于 这 件 事， 我 也 很 着急。
　　Guānyú zhè jiàn shì, wǒ yě hěn zháojí.

（2）关于 人 和 人 的 关系， 你 觉得 重要 吗?
　　Guānyú rén hé rén de guānxi, nǐ juéde zhòngyào ma?

 次の文を中国語に訳しましょう。

　　1．あの問題について、彼と話してみよう。

　　-------------------------------------------------

　　2．日本の文化について、あなたはどのような考えがありますか。

　　（考え：看法 kànfǎ）

　　-------------------------------------------------

**11**

课文 （2）短文 **关于 人际 关系。**
Guānyú rénjì guānxi.

很 多 人 都 觉得 人 和 人 的 关系 很 重要。怎样
Hěn duō rén dōu juéde rén hé rén de guānxi hěn zhòngyào. Zěnyàng

才 能 建立 和谐 的 人际 关系 呢？关于 这个 问题，我
cái néng jiànlì héxié de rénjì guānxi ne? Guānyú zhège wèntí, wǒ

认为 要 脸上 常常 带着 微笑，说话 时 多 用 "你
rènwéi yào liǎnshang chángcháng dàizhe wēixiào, shuōhuà shí duō yòng "Nǐ

好""谢谢" 这样 的 词语，和 别人 的 关系 会 变得 更
hǎo" "Xièxie" zhèyàng de cíyǔ, hé biérén de guānxi huì biànde gèng

好 的。
hǎo de.

DL 44　CD 44

**ことわざ（谚语 yànyǔ）**

**百 闻 不 如 一 见。**
Bǎi wén bù rú yí jiàn.

　「百聞は一見にしかず。」同じことを何度も聞くよりは、一度自身の目で見るほうが確か
であるということ。中国語の授業では中国の文化に関する話を聞くこともあると思います
が、これも「百聞は一見にしかず」。是非一度中国に行き、みなさんの目で確かめてみてほ
しいと思います。

# 第12課 你想去哪儿就去哪儿。

**课文** (1) 会话 **你 想 去 哪儿 就 去 哪儿。** 🎧 DL 46 💿 CD 46
Nǐ xiǎng qù nǎr jiù qù nǎr.

李 蒙 : 以前 听 你 说 大 三 去 留学，决定 了 吗？
Lǐ Měng　　Yǐqián tīng nǐ shuō dà sān qù liúxué, juédìng le ma?

福山 爱 : 还 没有，你 觉得 去 哪个 国家 好 呢？
Fúshān Ài　　Hái méiyou, nǐ juéde qù nǎge guójiā hǎo ne?

李 蒙 : 你 自己 看着 办 吧，你 想 去 哪儿 就 去 哪儿。
Lǐ Měng　　Nǐ zìjǐ kànzhe bàn ba, nǐ xiǎng qù nǎr jiù qù nǎr.

福山 爱 : 北京 大学 很 有名，那 我 选择 去 中国 吧！
Fúshān Ài　　Běijīng dàxué hěn yǒumíng, nà wǒ xuǎnzé qù Zhōngguó ba!

**生词** 🎧 DL 45 💿 CD 45

1. 以前　　yǐqián　以前
2. 听 // 说　　tīng//shuō　聞くところによると
3. 大三　　dàsān　大学3年生
4. 决定　　juédìng　決める
5. 国家　　guójiā　国家、国
6. 看着办　　kànzhe bàn　〈慣用語〉（その場の状況
　　　　　　に基づいて）見計らってす
　　　　　　る、任せる
7. 有名　　yǒumíng　有名だ
8. 选择　　xuǎnzé　選ぶ
9. 虽然~，但是…　　suīrán~dànshì…　~だが、し
　　　　　　かし…
10. 得　　děi　しなくてはならない
11. 考虑　　kǎolù　考える
12. 事情　　shìqing　こと、事情
13. 网上　　wǎngshang　インターネット上
14. 几乎　　jīhū　ほとんど
15. 所有　　suǒyǒu　全ての
16. 公司　　gōngsī　会社
17. 满意　　mǎnyì　満足する
18. 刚才　　gāngcái　さっき
19. 笑　　xiào　笑う
20. 告诉　　gàosu　伝える、教える
21. 相信　　xiāngxìn　信じる

## 文 法 解 説

 DL 47　　 CD 47

**1** 疑問詞の呼応表現

前後の句で同じ疑問詞を使い、前後が呼応している用法。

（1）这里 有 很 多 颜色，你 想 买 哪个 就 买 哪个。
Zhèli　yǒu hěn duō yánsè,　nǐ xiǎng mǎi　nǎge　jiù mǎi　nǎge.

（2）你 说 怎么 办 就 怎么 办，我 相信 你。
Nǐ shuō zěnme bàn jiù zěnme bàn,　wǒ xiāngxìn nǐ.

（3）你 想 几点 回来 就 几点 回来。
Nǐ xiǎng jǐ diǎn huílai jiù jǐ diǎn huílai.

 次の文を中国語に訳しましょう。

1．君は買いたいものを買って下さい。

-------------------------------------------------------------

2．君、話したいときに話してよ。

-------------------------------------------------------------

**2** 動作Ⅰ＋"着"＋(目的語)＋動作2　「動作Ⅰをしながら動作2をする」

(1) 她　总是　笑着　说话。
　　Tā　zǒngshì　xiào zhe　shuōhuà.

(2) 我　喜欢　听着　音乐　学习。
　　Wǒ　xǐhuan　tīng zhe　yīnyuè　xuéxí.

 次の文を中国語に訳しましょう。

1. 王先生は、いつも歩いて学校に来る。

------

2. 昨日弟はテレビを見ながら宿題をしていた。

------

**3** "虽然〜，但是…"　「〜だけれども、…だ」

(1) 虽然　他　很　忙，但是　每天　学习　汉语。
　　Suīrán　tā　hěn máng,　dànshì　měitiān　xuéxí　Hànyǔ.

(2) 虽然　下着　雨，但是　我　想　出去　玩儿。
　　Suīrán　xiàzhe　yǔ,　dànshì　wǒ xiǎng chūqu　wánr.

 次の文を中国語に訳しましょう。

1. 中国語は難しいと思うけれど、毎日勉強したい。

------

2. このおにぎりは少し高いが、本当においしい。

------

课文 (2) 短文 他 笑着 跑了 进来。
Tā xiàozhe pǎole jìnlai.

🎧 DL 48  💿 CD 48

虽然 现在 是 大学 二 年级，但是 我 也 得 考虑 找
Suīrán xiànzài shì dàxué èr niánjí, dànshì wǒ yě děi kǎolù zhǎo

工作 的 事情 了。我 在 网上 几乎 看了 所有 的 公司，
gōngzuò de shìqing le. Wǒ zài wǎngshang jīhū kànle suǒyǒu de gōngsī,

也 没有 让 我 满意 的。刚才，我 的 一 个 同学 跑了
yě méiyou ràng wǒ mǎnyì de. Gāngcái, wǒ de yí ge tóngxué pǎole

进来，笑着 告诉 我 说，他 找到 工作 了！我 相信 我 也
jìnlai, xiàozhe gàosu wǒ shuō, tā zhǎodào gōngzuò le! Wǒ xiāngxìn wǒ yě

会 找到 的。
huì zhǎodào de.

### ことわざ (谚语 yànyǔ)

知识 就是 力量。
Zhīshi jiùshi lìliàng.

「知識は力なり。」自ら得た知識は、そのまま自身の力となります。語学についても同じことが言えますね。単語や文法を少しずつ覚えることによって、中国語でコミュニケーションをとることができるようになります。是非、新しい「力」を身につけて下さい。

## 練習問題 1

(一)【会話と短文理解・会話練習】Q1は会話文、Q2は短文、Q3は自分自身について質問に答えましょう。

Q1：福山爱黄金周计划做什么？　　　A：_____

Q2：中国的黄金周去旅游的人多吗？　A：_____

Q3：你黄金周打算做什么？　　　　　A：_____

(二)【リスニング練習】発音を聞いて中国語の文を書き取り、日本語に訳しましょう。

1. 中 国 語：_____　🎧 DL 49　💿 CD 49

　　日本語訳：_____

2. 中 国 語：_____

　　日本語訳：_____

(三)【リスニング練習】

1. 次の短文を聞いて、正しいものには〇を、間違っているものには×をつけましょう。

　（1）黄金周我打算去爬山。（　　　）　　🎧 DL 50　💿 CD 50

　（2）中国的黄金周去旅游的人很多。（　　　）

2. 次の会話を聞いて、正しいものに〇をつけましょう。　🎧 DL 51　💿 CD 51

　（1）A 听音乐　　　B 跳舞　　　C 唱歌

　（2）A 很冷　　　　B 很热　　　C 不冷不热

(四)【書く練習】

1. 適切な単語を選び、空欄を埋めましょう。

| 聊天儿 liáotiānr　　同学 tóngxué　　音乐 yīnyuè　　或者 huòzhě |
| --- |

我 有 一 个 （　　　　），他 叫 李 蒙。他 是 中国 留学生。我们
Wǒ yǒu yí ge 　　　　　　　　 tā jiào Lǐ Méng. Tā shì Zhōngguó liúxuéshēng. Wǒmen

经常 一起 （　　　　），（　　　　）一起 去 听 （　　　）会。我们 最 喜欢
jīngcháng yìqǐ 　　　　　　 　　　　　 yìqǐ qù tīng 　　　 huì. Wǒmen zuì xǐhuan

听 古典 音乐。今天 晚上 有 一 个 音乐会，我们 打算 一起 去。
tīng gǔdiǎn yīnyuè. Jīntiān wǎnshang yǒu yí ge yīnyuèhuì, wǒmen dǎsuàn yìqǐ qù.

[经常：いつも　古典音乐：クラシック音楽]

**2．次の単語を正しい順序に並び替えましょう。**

（1）昨日の午後、私は駅で先生に会いました。〈我，火车站，在，老师，见到了〉

　　　昨天下午，＿＿＿＿／＿＿＿＿／＿＿＿＿／＿＿＿＿／＿＿＿＿。

（駅：火车站 huǒchēzhàn）

（2）コンビニには何の商品もない。〈什么东西，都，便利店，没有〉

　　　＿＿＿＿／＿＿＿＿／＿＿＿＿／＿＿＿＿。

（3）私の息子はサッカーに興味がない。〈我儿子，不，对，踢足球，感兴趣〉

　　　＿＿＿＿／＿＿＿＿／＿＿＿＿／＿＿＿＿／＿＿＿＿。

**3．次の文を中国語に訳しましょう。**

（1）今週末は、私はまだ何の計画もしていない。（週末：周末 zhōumò）

　　　＿＿＿＿＿＿＿＿＿＿＿＿＿＿＿＿＿＿＿＿＿＿＿＿＿＿＿＿

（2）私たちは、ゴールデンウィークに一緒に山登りに行こうと話し合った。

　　　＿＿＿＿＿＿＿＿＿＿＿＿＿＿＿＿＿＿＿＿＿＿＿＿＿＿＿＿

（3）彼は勉強に興味がない。

　　　＿＿＿＿＿＿＿＿＿＿＿＿＿＿＿＿＿＿＿＿＿＿＿＿＿＿＿＿

## 練習問題 2

（一）【会話と短文理解・会話練習】Q1は会話文、Q2は短文、Q3は自分自身について質問に答えましょう。

Q1：李蒙想去哪儿？　　　　　A：_____

Q2：图书馆远不远？　　　　　A：_____

Q3：你喜欢去图书馆吗？为什么？　A：_____

（注：为什么 wèi shénme：なぜ、どうして）

（二）【リスニング練習】発音を聞いて中国語の文を書き取り、日本語に訳しましょう。

🎧 DL 52　💿 CD 52

1．中 国 語：_____

　日本語訳：_____

2．中 国 語：_____

　日本語訳：_____

（三）【リスニング練習】

1．次の短文を聞いて、正しいものには○を、間違っているものには×をつけましょう。

（1）图书馆在公园附近。（　　　）　🎧 DL 53　💿 CD 53

（2）图书馆的环境不安静。（　　　）

2．次の会話を聞いて、正しいものに○をつけましょう。　🎧 DL 54　💿 CD 54

（1）A 学校　　　　B 图书馆　　　　C 地铁站

（2）A 学校里边　　B 学校北边　　　C 学校西边

（四）【書く練習】

1．適切な単語を選び、空欄を埋めましょう。

安静 ānjìng　　公园 gōngyuán　　然后 ránhòu　　先 xiān

我 家 附近 有 一 个 （　　　），这里 很 （　　　）。出门 （　　　）
Wǒ jiā fùjìn yǒu yí ge　　　　　　zhèli hěn　　　　　　Chūmén

向 南 一直 走，走 两 分钟，（　　　）向 右 拐 就 到 了。我 和 家人
xiàng nán yìzhí zǒu, zǒu liǎng fēnzhōng,　　　xiàng yòu guǎi jiù dào le. Wǒ hé jiārén

周末 经常 到 这里 散步。
zhōumò jīngcháng dào zhèli sànbù.

[和：〜と　散步：散歩する]

## 2. 次の単語を正しい順序に並び替えましょう。

（1）家に帰ったら、まず宿題をして、ご飯を食べよう。〈做作业，先，吃饭，然后再〉

　　　到了家，＿＿＿＿＿＿／＿＿＿＿＿＿／＿＿＿＿＿＿／＿＿＿＿＿＿。

（2）私は毎日一時間バスに乗って学校に着く。〈坐一个小时，到学校，公共汽车，我每天〉

　　　＿＿＿＿＿＿／＿＿＿＿＿＿／＿＿＿＿＿＿／＿＿＿＿＿＿。（バス：公共汽车 gōnggòngqìchē）

（3）右に曲がってください。〈向，拐，请，右〉

　　　＿＿＿＿＿＿／＿＿＿＿＿＿／＿＿＿＿＿＿／＿＿＿＿＿＿。

## 3. 次の文を中国語に訳しましょう。

（1）一日は二十四時間だ。

　　　------------------------------------------------------------------------

（2）ここからまっすぐ行くと、動物園がある。（動物園：动物园 dòngwùyuán）

　　　------------------------------------------------------------------------

（3）そこの環境は静かだ。

　　　------------------------------------------------------------------------

(一)【会話と短文理解・会話練習】Q1は会話文、Q2は短文、Q3は自分自身について質問に答えましょう。

Q1：福山爱的伞在哪儿？　　A：＿＿＿＿＿＿＿＿＿＿＿＿＿＿＿

Q2："我"买大冰箱了吗？　　A：＿＿＿＿＿＿＿＿＿＿＿＿＿＿＿

Q3：你带伞了吗？　　　　　A：＿＿＿＿＿＿＿＿＿＿＿＿＿＿＿

(二)【リスニング練習】

1．次の短文を聞いて、正しいものには〇を、間違っているものには×をつけましょう。

（1）我带伞了。（　　　）　　　　　　　　🎧 DL 55　　◎ CD 55

（2）我想买一个大冰箱。（　　　）

2．次の会話を聞いて、正しいものに〇をつけましょう。　　🎧 DL 56　　◎ CD 56

（1）A 图书馆里　　　B 教室里　　　C 家里

（2）A 太旧了　　　　B 太大了　　　C 太方便了

(三)【書く練習】

1．適切な単語を選び、空欄を埋めましょう。

> 着急 zháojí　　　把 bǎ　　　如果 rúguǒ　　　出租车 chūzūchē

最近 经常 下雨。昨天，我 出门 时（　　　　　）伞 忘在 家 里 了，我
Zuìjìn jīngcháng xiàyǔ. Zuótiān, wǒ chūmén shí　　　　　　sǎn wàngzài jiā li le, wǒ

很（　　　　）。我 没 办法，坐（　　　　　）回 家，我 花了 很 多 钱。
hěn　　　　　Wǒ méi bànfǎ, zuò　　　　　huí jiā, wǒ huāle hěn duō qián.

（　　　　）我 带了 伞，就 不用 花 这么 多 钱 了。
　　　　　wǒ dàile sǎn, jiù búyòng huā zhème duō qián le.

[花：（お金や時間を）費やす　这么：こんなに、このように]

2．次の単語を正しい順序に並び替えましょう。

（1）彼はきっとパソコンを忘れたんだ。〈忘了，肯定，把，电脑〉

他 ＿＿＿＿＿＿／＿＿＿＿＿＿／＿＿＿＿＿＿／＿＿＿＿＿＿。

（2）もし時間があったら、図書館に行って勉強する。〈有时间，就，学习，去图书馆〉

如果 ＿＿＿＿＿＿／＿＿＿＿＿＿／＿＿＿＿＿＿／＿＿＿＿＿＿。

（3）新しいエアコンを買うべきだ。〈应该，新，买，空调〉

＿＿＿＿＿＿／＿＿＿＿＿＿／＿＿＿＿＿＿／＿＿＿＿＿＿。　（エアコン：空调 kōngtiáo）

３．次の文を中国語に訳しましょう。

（1）私は彼の名前を忘れてしまった。

-------------------------------------------------------------------------

（2）もしゴールデンウイークに予定がなければ、私たちは山登りに行こう。

-------------------------------------------------------------------------

（3）図書館はとても静かなはずだ。

-------------------------------------------------------------------------

㊃【グループワーク】

休日の過ごし方について a、b、c の語群も活用して話し合い、表を埋めましょう。

　　例A：你暑假做什么了？
　　　　　　a

　　　B：我坐飞机去旅行了。
　　　　　　b　　　c

| | a. 何の休日 | b. どのように行く | c. どこに行く、または何をする |
|---|---|---|---|
| 例 | 暑假（夏休み）<br>shǔjià | 坐飞机（飛行機で）<br>zuò fēijī | 回老家（実家に帰る）<br>huí lǎojiā<br>去旅行（旅行に行く）<br>qù lǚxíng |
| A | | | |
| B | | | |
| C | | | |
| D | | | |

| a | b | c |
|---|---|---|
| 寒假（冬休み）<br>hánjià | 开车（車を運転する）<br>kāi chē | 去吃烧烤（バーベキューをしに行く）<br>qù chī shāokǎo |
| 下个周末（来週末）<br>xià ge zhōumò | 坐电车（電車に乗る）<br>zuò diànchē | 去滑雪（スキーをしに行く）<br>qù huáxuě |
| 三连休（三連休）<br>sānliánxiū | 骑自行车（自転車に乗る）<br>qí zìxíngchē | 去动物园（動物園に行く）<br>qù dòngwùyuán |
| 黄金周（ゴールデンウイーク）<br>Huángjīnzhōu | 走着（歩いて）<br>zǒuzhe | 去学校（学校に行く）<br>qù xuéxiào |

（一）【会話と短文理解・会話練習】Q1は会話文、Q2は短文、Q3は自分自身について質問に答えましょう。

Q1：福山爱觉得汉语难还是英语难？　　A：_____

Q2："我"平时在哪里吃饭？　　　　　　A：_____

Q3：你周末自己做饭吗？　　　　　　　A：_____

（二）【リスニング練習】発音を聞いて中国語の文を書き取り、日本語に訳しましょう。

1. 中 国 語：---------------------------------- 🎧 DL 57　◉ CD 57

日本語訳：----------------------------------

2. 中 国 語：----------------------------------

日本語訳：----------------------------------

（三）【リスニング練習】

1. 次の短文を聞いて、正しいものには〇を、間違っているものには × をつけましょう。

（1）我现在一个人生活。（　　　） 🎧 DL 58　◉ CD 58

（2）汉语比英语简单。（　　　）

2. 次の会話を聞いて、正しいものに〇をつけましょう。 🎧 DL 59　◉ CD 59

（1）A 两年　　　　　B 三年　　　　　C 一年

（2）A 锻炼身体　　　B 在外面吃饭　　C 自己做饭

（四）【書く練習】

1. 適切な単語を選び、空欄を埋めましょう。

| 比 bǐ　　　跟 gēn　　　比较 bǐjiào　　　觉得 juéde |
| --- |

我 汉语 学了 一 年，我 （　　　） 汉语 发音 很 难，可是 （　　　）
Wǒ Hànyǔ xuéle yì nián, wǒ　　　　　　　Hànyǔ fāyīn hěn nán, kěshì

英语 不 一样，语法 （　　　） 简单。我 的 同学 说，英语 （　　　） 汉语
Yīngyǔ bù yíyàng, yǔfǎ　　　　jiǎndān. Wǒ de tóngxué shuō, Yīngyǔ　　　　Hànyǔ

难，真是 这样 啊!
nán, zhēnshì zhèyàng a!

［发音：発音　语法：文法］

2. 次の単語を正しい順序に並び替えましょう。

（1）あなたは中国語を何年勉強していますか。〈汉语，几年，了，学〉

你 _____ / _____ / _____ / _____ ?

（2）彼の帽子は私のものと同じだ。〈的，跟，一样，我〉

他的帽子 _____ / _____ / _____ / _____ 。 （帽子：帽子 màozi）

（3）私は英語を話すのがあまりうまくありません。〈不太好，英语，得，说〉

我 _____ / _____ / _____ / _____ 。

3. 次の文を中国語に訳しましょう。

（1）私は中国語が英語よりずっと簡単だと思う。

-------------------------------------------------------

（2）弟の身長は私と同じくらい高い。（身長：个子 gèzi　高い：高 gāo）

-------------------------------------------------------

（3）あなたはパンを食べますか、それとも麺類を食べますか。（麺類：面条 miàntiáo）

-------------------------------------------------------

## 練習問題 5

(一) 【会話と短文理解・会話練習】Q1は会話文、Q2は短文、Q3は自分自身について質問に答えましょう。

Q1：他们喝了什么？　　　　A：_____

Q2：夏天的天气怎么样？　　A：_____

Q3：你喜欢哪个季节？　　　A：_____

(二) 【リスニング練習】発音を聞いて中国語の文を書き取り、日本語に訳しましょう。

🎧 DL 60　◎ CD 60

1. 中 国 語：_____

　 日本語訳：_____

2. 中 国 語：_____

　 日本語訳：_____

(三) 【リスニング練習】

1. 次の短文を聞いて、正しいものには○を、間違っているものには×をつけましょう。

　（1）我今天打算喝珍珠奶茶。（　　　）

🎧 DL 61　◎ CD 61

　（2）我喜欢夏天。（　　　）

2. 次の会話を聞いて、正しいものに○をつけましょう。

🎧 DL 62　◎ CD 62

　（1）A 咖啡　　　B 乌龙茶　　　C 珍珠奶茶

　（2）A 夏天　　　B 秋天　　　　C 冬天

(四) 【書く練習】

1. 適切な単語を選び、空欄を埋めましょう。

> 打算 dǎsuàn　　越来越 yuèláiyuè　　了 le　　干干净净 gāngānjìngjìng

夏天 快 到 （　　　　），天气 （　　　　） 热。我 起床 的 时间 也
Xiàtiān kuài dào　　　　　　　tiānqì　　　　　　　rè. Wǒ qǐchuáng de shíjiān yě

越来越 早 了。今天 是 周末，我 起床 后，喝了 一 杯 咖啡，吃了 一 个
yuèláiyuè zǎo le. Jīntiān shì zhōumò, wǒ qǐchuáng hòu, hēle yì bēi kāfēi, chīle yí ge

面包，然后，把 房间 打扫得 （　　　　）。我 （　　　　） 傍晚 去 锻炼 身体。
miànbāo, ránhòu, bǎ fángjiān dǎsǎode　　　　　Wǒ　　　　　　bàngwǎn qù duànliàn shēntǐ.

[干干净净：大変綺麗だ　打扫：掃除する　傍晚：夕方]

練習問題　63

**2．次の単語を正しい順序に並び替えましょう。**

（1）彼の成績はすます良くなった。〈越来越，成绩，好，了〉

　　　他的 ＿＿＿＿＿＿＿／＿＿＿＿＿＿＿／＿＿＿＿＿＿＿／＿＿＿＿＿＿＿。

（2）一番飲みたいのはやはりコーラです。〈可乐，的，想喝，还是〉

　　　我最 ＿＿＿＿＿＿＿／＿＿＿＿＿＿＿／＿＿＿＿＿＿＿／＿＿＿＿＿＿＿。

（3）今年私は二十歳になりました。〈我，今年，了，二十岁〉

　　　＿＿＿＿＿＿＿／＿＿＿＿＿＿＿／＿＿＿＿＿＿＿／＿＿＿＿＿＿＿。

**3．次の文を中国語に訳しましょう。**

（1）この服はますます古くなった。

　　　------------------------------------------------

（2）私が一番嫌いな季節は夏です。

　　　------------------------------------------------

（3）私たちは真面目に勉強しなくてはならない。（真面目だ：认认真真 rènrènzhēnzhēn）

　　　------------------------------------------------

(一)【会話と短文理解・会話練習】Q1は会話文、Q2は短文、Q3は自分自身について質問に答えましょう。

Q1：福山爱考试准备得怎么样了？　　A：_____

Q2："我"去医院做什么？　　A：_____

Q3：你感冒了吗？　　A：_____

(二)【リスニング練習】

1．次の短文を聞いて、正しいものには○を、間違っているものには×をつけましょう。

（1）我考试准备得很好。（　　）　　🎧 DL 63　◎ CD 63

（2）我今天去了医院。（　　）

2．次の会話を聞いて、正しいものに○をつけましょう。　　🎧 DL 64　◎ CD 64

（1）A 很难受　　　B 很高兴　　C 很紧张

（2）A 快考试了　　　B 感冒了　　C 感冒药过期了

(三)【書く練習】

1．適切な単語を選び、空欄を埋めましょう。

| 的 de　　一 yì　　紧张 jǐnzhāng　　难受 nánshòu |
| --- |

我 平时 如果 感冒 的 话，（　　　　）吃 药 就 好 了。可是，这次
Wǒ píngshí rúguǒ gǎnmào de huà,　　　　　chī yào jiù hǎo le. Kěshì, zhècì

感冒 很 （　　　），今天 上午 去 医院 了。是 我 妈妈 带 我 去
gǎnmào hěn　　　　jīntiān shàngwǔ qù yīyuàn le. Shì wǒ māma dài wǒ qù

（　　　）。一 进 医院 我 就 （　　　）。
　　　　　Yí jìn yīyuàn wǒ jiù

2．次の単語を正しい順序に並び替えましょう。

（1）私は早く家に帰りたい。〈回，去，快点儿，家〉

我想 _____／_____／_____／_____。

（2）私は毎日風呂に入ったら、すぐ寝る。〈洗了澡，睡觉，一，就〉

我每天 _____／_____／_____／_____。

（風呂に入る：洗澡 xǐzǎo　寝る：睡觉 shuìjiào）

（3）私は自転車に乗って来たんです。〈自行车，骑，来，是〉

我 _____／_____／_____／_____的。

3．次の文を中国語に訳しましょう。

（1）私は授業が終わったら、すぐ銀行に行く。（銀行：银行 yínháng）

- - - - - - - - - - - - - - - - - - - - - - - - - - - - - - - - - - - - - - - -

（2）社長がオフィスから出てきた。（社長：经理 jīnglǐ　オフィス：办公室 bàngōngshì）

- - - - - - - - - - - - - - - - - - - - - - - - - - - - - - - - - - - - - - - -

（3）彼はどこから来たのですか。

- - - - - - - - - - - - - - - - - - - - - - - - - - - - - - - - - - - - - - - -

㈣【グループワーク】

グループ内で食事について a、b、c の語群も活用して話し合い、表を埋めましょう。

例A：你昨天吃的什么？

　　B：我昨天吃的面条。我是和朋友一起在饭店吃的。
　　　　　　　　　　a　　　　　　　　b　　　　　c

|  | a. 食べ物 | b. 誰と | c. どこで |
|---|---|---|---|
| 例 | 面条（麺類）<br>miàntiáo | 朋友（友達）<br>péngyou | 饭店（レストラン）<br>fàndiàn |
| A |  |  |  |
| B |  |  |  |
| C |  |  |  |
| D |  |  |  |

| a | b | c |
|---|---|---|
| 意大利菜（イタリアン）<br>Yìdàlì cài | 男／女朋友（彼氏／彼女）<br>nán/nǚpéngyou | 我推荐的店（私のオススメのお店）<br>wǒ tuījiàn de diàn |
| 日本菜（和食）<br>Rìběn cài | 家里人（家族）<br>jiālirén | 受欢迎的餐厅（人気のある料理屋）<br>shòu huānyíng de cāntīng |
| 中国菜（中華料理）<br>Zhōngguó cài | 打工的同事（バイト仲間）<br>dǎgōng de tóngshì | 学校附近的餐馆（学校の近くの料理屋）<br>xuéxiào fùjìn de cānguǎn |
| 火锅（火鍋）<br>huǒguō | 同学（同級生）<br>tóngxué | 我家里（我が家）<br>wǒ jiāli |

## 練習問題 7

(一)【会話と短文理解・会話練習】Q1は会話文、Q2は短文、Q3は自分自身について質問に答えましょう。

Q1：李蒙帮忙做什么了？　　A：_____

Q2："我"找到护照了吗？　　　A：_____

Q3：你搬过家吗？　　　　A：_____

(二)【リスニング練習】発音を聞いて中国語の文を書き取り、日本語に訳しましょう。

1. 中国語：_____ 🎧 DL 65 　💿 CD 65

　日本語訳：_____

2. 中国語：_____

　日本語訳：_____

(三)【リスニング練習】

1. 次の短文を聞いて、正しいものには○を、間違っているものには×をつけましょう。

　（1）我提前两个小时就到了机场。（　　）　🎧 DL 66 　💿 CD 66

　（2）我打算搬家。（　　）

2. 次の会話を聞いて、正しいものに○をつけましょう。　🎧 DL 67 　💿 CD 67

　（1）A 打工了　　　B 下课了　　　C 搬家了

　（2）A 伞　　　　B 护照　　　　C 手机

(四)【書く練習】

1. 適切な単語を選び、空欄を埋めましょう。

| 拿出来 náchūlai　　搬家 bānjiā　　一边…一边… yìbiān…yìbiān…　　方便 fāngbiàn |
| --- |

我 最近 又 （　　　　） 了。这里 非常 （　　　　），环境 也 很 好。明天
Wǒ zuìjìn yòu 　　　　　　　　le. Zhèli fēicháng 　　　　　　　huánjìng yě hěn hǎo. Míngtiān

还 有 考试，所以，我 把 书 （　　　　），（　　　　） 收拾 东西，（　　　　）
hái yǒu kǎoshì, suǒyǐ, wǒ bǎ shū 　　　　　　　　　　　　　 shōushi dōngxi,

复习。希望 明天 的 考试 取得 好 成绩！
fùxí. Xīwàng míngtiān de kǎoshì qǔdé hǎo chéngjì!

[收拾：片付ける　复习：復習する　希望：希望する]

2．次の単語を正しい順序に並び替えましょう。

（1）妹は走って三階に上がっていった。〈三楼，去了，上，跑〉

　　妹妹 ＿＿＿＿＿＿＿／＿＿＿＿＿＿＿／＿＿＿＿＿＿＿／＿＿＿＿＿＿＿。（三階：三楼 sānlóu　走る：跑 pǎo）

（2）彼はまた間違えた。〈错，又，他，了〉（間違える：错 cuò）

　　＿＿＿＿＿＿＿／＿＿＿＿＿＿＿／＿＿＿＿＿＿＿／＿＿＿＿＿＿＿。

（3）携帯電話を見ながら食事をしないでください。〈吃饭，一边，手机，看〉

　　你别一边 ＿＿＿＿＿＿＿／＿＿＿＿＿＿＿／＿＿＿＿＿＿＿／＿＿＿＿＿＿＿。

3．次の文を中国語に訳しましょう。

（1）このお皿を持って入ってきて！（お皿：盘子 pánzi）

　　------------------------------------------------------------------

（2）私はまた太った。

　　------------------------------------------------------------------

（3）一羽の鳥が飛んでいった。（一羽の鳥：一只鸟 yì zhī niǎo　飛ぶ：飞 fēi）

　　------------------------------------------------------------------

## 練習問題 8

(一)【会話と短文理解・会話練習】Q1 は会話文、Q2 は短文、Q3 は自分自身について質問に答えましょう。

Q1：黑色的裙子便宜还是贵？　　A：_____

Q2："我"的衬衫在哪儿？　　　　A：_____

Q3：你喜欢什么颜色的衣服？　　A：_____

(二)【リスニング練習】発音を聞いて中国語の文を書き取り、日本語に訳しましょう。

🎧 DL 68　　◉ CD 68

1. 中 国 語：_____

　　日本語訳：_____

2. 中 国 語：_____

　　日本語訳：_____

(三)【リスニング練習】

1. 次の短文を聞いて、正しいものには○を、間違っているものには × をつけましょう。

　　(1) 红色的裙子太贵了。（　　　）

🎧 DL 69　　◉ CD 69

　　(2) 我喜欢穿蓝颜色的衬衫。（　　　）

2. 次の会話を聞いて、正しいものに○をつけましょう。

🎧 DL 70　　◉ CD 70

　　(1) A 买不起　　　B 不喜欢　　　C 不适合她

　　(2) A 教室　　　　B 厨房　　　　C 客厅

(四)【書く練習】

1. 適切な単語を選び、空欄を埋めましょう。

> 买不起 măibuqǐ　　　找不到 zhǎobudào　　　极了 jíle　　　不但～而且 búdàn~érqiě

我 的 手机（　　　）了。所以，我 打算 去 买 一 个 手机。苹果
Wǒ de shǒujī 　　　le. Suǒyǐ, wǒ dǎsuàn qù mǎi yí ge shǒujī. Píngguǒ

手机（　　　）颜色 漂亮，（　　　）样式 也 好。可是 这 个 手机 贵
shǒujī 　　　yánsè piàoliang, 　　　yàngshì yě hǎo. Kěshì zhè ge shǒujī guì

（　　　），我（　　　）。
　　　　　　wǒ

[样式：デザイン]

2．次の単語を正しい順序に並び替えましょう。

（1）このケーキは見た目が良いだけでなく、おいしい。〈好看，不但，好吃，而且〉

　　这个蛋糕_____／_____／_____／_____。

　　　　　　　　　　　　　　　　　　　　　　（見た目が良い、きれいだ：好看 hǎokàn）

（2）そんなに高いパン、私は食べられない。〈不起，面包，吃，我〉

　　那么贵的_____／_____／_____／_____。

（3）今朝はひどくお腹が空いている。〈我，饿，早上，极了〉

　　今天_____／_____／_____／_____。　（空腹だ：饿 è）

3．次の文を中国語に訳しましょう。

（1）このズボンは高すぎて、私は買えない。（ズボン：裤子 kùzi）

--------------------------------------------------------------------------------

（2）私のカメラはどうしても見つからなかった。（カメラ：照相机 zhàoxiàngjī）

--------------------------------------------------------------------------------

（3）あのコンビニでは、牛乳を売るだけではなくビールも売っている。

　　　　　　　　　　　　　　　（牛乳：牛奶 niúnǎi　ビール：啤酒 píjiǔ）

--------------------------------------------------------------------------------

## 練習問題 9

(一)【会話と短文理解・会話練習】Q1は会話文、Q2は短文、Q3は自分自身について質問に答えましょう。

Q1：联欢会上，他们打算做什么？　A：_____

Q2：中国人的家常菜是什么？　A：_____

Q3：你吃过西红柿炒鸡蛋吗？　A：_____

(二)【リスニング練習】

1. 次の短文を聞いて、正しいものには〇を、間違っているものには×をつけましょう。

(1) 中国人经常吃西红柿炒鸡蛋。（　　）　🎧 DL 71　◎ CD 71

(2) 我们过年去旅游。（　　）

2. 次の会話を聞いて、正しいものに〇をつけましょう。　🎧 DL 72　◎ CD 72

(1) A 唱歌　　　B 跳舞　　　C 做菜

(2) A 很难　　　B 很简单　　　C 很难忘

(三)【書く練習】

1. 適切な単語を選び、空欄を埋めましょう。

| 让 ràng　　唱歌 chànggē　　联欢会 liánhuānhuì　　打算 dǎsuàn |
| --- |

今年 的 元旦，我们 打算 开 一 个（　　　　）。我们 先（　　　　），
Jīnnián de yuándàn, wǒmen dǎsuàn kāi yí ge　　　　　　　　Wǒmen xiān

跳舞，然后，大家 一起 做 中国菜。我（　　　　）做 西红柿 炒 鸡蛋，
tiàowǔ, ránhòu, dàjiā yìqǐ zuò Zhōngguócài. Wǒ　　　　zuò xīhóngshì chǎo jīdàn,

（　　　　）大家 尝尝。
dàjiā chángchang.　　　　　　　　　　　　　　[尝尝：ちょっと味見する]

2. 次の単語を正しい順序に並び替えましょう。

(1) あなたは数学が好きじゃなかったの。〈喜欢，不是，吗，数学〉

你 _____ / _____ / _____ / _____？（数学：数学 shùxué）

(2) 私はちょっと休憩しても良いですか。〈吗，我，休息休息，可以〉

_____ / _____ / _____ / _____？（休憩する：休息 xiūxi）

(3) あなたの写真を私にちょっと見せて下さい。〈让，看看，你的照片，我〉

_____ / _____ / _____ / _____。（写真：照片 zhàopiàn）

3．次の文を中国語に訳しましょう。

（1）あなたはトマトの卵炒めを食べたいと思いませんか。

----------

（2）彼は子供にバナナを買いに行かせた。（子供：孩子 háizi　バナナ：香蕉 xiāngjiāo）

----------

（3）この料理は中国の家庭料理です。ちょっと作ってみたいです。

----------

㈣【グループワーク】

グループ内で買い物について a、b、c の語群も活用して話し合い、表を埋めましょう。

例A：这件蓝颜色的衣服多少钱?
　　　　　a　　　　　b

B：7800 日元／块。
　　　　c

A：太贵了／很便宜，那我买不起／买得起。

| | a. 色 | b. もの | c. 値段 |
|---|---|---|---|
| 例 | 蓝颜色（青色）<br>lán yánsè | 衣服（衣服）<br>yīfu | 7800<br>qī qiān bā bǎi |
| A | | | |
| B | | | |
| C | | | |
| D | | | |

a

红色（赤色）
hóngsè

黄色（黄色）
huángsè

绿色（緑色）
lǜsè

白色（白色）
báisè

b

裤子（ズボン）
kùzi

裙子（スカート）
qúnzi

眼镜（メガネ）
yǎnjìng

盘子（お皿）
pánzi

c

1200
yì qiān èr bǎi

17500
yí wàn qī qiān wǔ bǎi

10500
yí wàn líng wǔ bǎi

25
èrshiwǔ

練習問題 10

(一)【会話と短文理解・会話練習】Q1は会話文、Q2は短文、Q3は自分自身について質問に答えましょう。

Q1：福山爱为什么不用信用卡付账？　　A：_____

Q2：为什么要骑自行车去图书馆？　　A：_____

Q3：你有信用卡吗？　　A：_____

(二)【リスニング練習】発音を聞いて中国語の文を書き取り、日本語に訳しましょう。

🎧 DL 73　◎ CD 73

1. 中 国 語：_____

　　日本語訳：_____

2. 中 国 語：_____

　　日本語訳：_____

(三)【リスニング練習】

1. 次の短文を聞いて、正しいものには〇を、間違っているものには × をつけましょう。

（1）这个商店还不能用信用卡。（　　　）

🎧 DL 74　◎ CD 74

（2）我的自行车丢了。（　　　）

2. 次の会話を聞いて、正しいものに〇をつけましょう。

🎧 DL 75　◎ CD 75

（1）A 丢了　　　B 没有钱了　　　C 忘在家里了

（2）A 开车　　　B 坐出租车　　　C 骑自行车

(四)【書く練習】

1. 適切な単語を選び、空欄を埋めましょう。

| 就 jiù　　　才 cái　　　还 huán　　　自行车 zìxíngchē |
| --- |

昨天 是 星期天，我 早上 八 点（　　　）从 家里 出来 了，骑
Zuótiān shì xīngqītiān, wǒ zǎoshang bā diǎn　　　cóng jiāli chūlai le, qí

（　　　）去 附近 的 图书馆 把 书（　　　）了。然后 去 同学 家，我们
qù fùjìn de túshūguǎn bǎ shū　　　le. Ránhòu qù tóngxué jiā, wǒmen

一直 看 DVD，我 晚上 12 点（　　　）回家。
yìzhí kàn　　　wǒ wǎnshang shí'èr diǎn　　　huíjiā.

2．次の単語を正しい順序に並び替えましょう。

（1）私の腕時計は彼女に壊されてしまった。〈她，我的手表，弄坏，被〉

　　＿＿＿＿＿／＿＿＿＿＿／＿＿＿＿＿／＿＿＿＿＿ 了。（腕時計：手表 shǒubiǎo）

（2）努力して学んでこそ、良い成績が取れる。〈才能，学习，取得，好成绩〉

　　只有努力 ＿＿＿＿＿／＿＿＿＿＿／＿＿＿＿＿／＿＿＿＿＿。（努力する：努力 nǔlì）

（3）私は彼に電話をかけたが、1時間かけてやっと繋がった。〈才，打，一个小时，了〉

　　我给他打电话，＿＿＿＿＿／＿＿＿＿＿／＿＿＿＿＿／＿＿＿＿＿ 接通。

3．次の文を中国語に訳しましょう。

（1）私はクレジットカードをなくしてしまった。（"被"を使って）

　　------------------------------------------------

（2）彼女の妹は、3歳でもうお箸を使うことができた。（お箸を使う：用筷子 yòng kuàizi）

　　------------------------------------------------

（3）自分の家だからこそ、しっかりと休める。（しっかりと：好好儿 hǎohāor）

　　------------------------------------------------

## 練習問題 11

(一)【会話と短文理解・会話練習】Q1は会話文、Q2は短文、Q3は自分自身について質問に答えましょう。

Q1：最近天气怎么样? A：_____

Q2：怎样建立和谐的人际关系? A：_____

Q3：你认为人际关系重要吗? A：_____

(二)【リスニング練習】発音を聞いて中国語の文を書き取り、日本語に訳しましょう。

🎧 DL 76　◎ CD 76

1. 中 国 語：_____

　 日本語訳：_____

2. 中 国 語：_____

　 日本語訳：_____

(三)【リスニング練習】

1. 次の短文を聞いて、正しいものには○を、間違っているものには×をつけましょう。

（1）人际关系很重要。（　　　）　🎧 DL 77　◎ CD 7

（2）最近天气很好。（　　　）

2. 次の会話を聞いて、正しいものに○をつけましょう。　🎧 DL 78　◎ CD 78

（1）A 树　　　 B 花　　　　 C 蔬菜

（2）A 学习　　 B 人际关系　 C 工作

(四)【書く練習】

1. 適切な単語を選び、空欄を埋めましょう。

| 和谐 héxié　　着 zhe　　校园 xiàoyuán　　微笑着 wēixiàozhe |
| --- |

我 很 喜欢 我们 的 学校。（　　　）很 大，种（　　　）很 多 树，
Wǒ hěn xǐhuan wǒmen de xuéxiào. 　　　　　 hěn dà, zhòng 　　　　　 hěn duō shù,

有的 已经 开 花 了。同学们 都（　　　）打 招呼，人际 关系 很
yǒude yǐjīng kāi huā le. Tóngxuémen dōu 　　　　　 dǎ zhāohu, rénjì guānxi hěn

（　　　），我 和 他们 在 一起 很 开心。
　　　　　 wǒ hé tāmen zài yìqǐ hěn kāixīn.

[打招呼：挨拶をする]

**2．次の単語を正しい順序に並び替えましょう。**

（1）机に一枚の絵が置いてある。〈放着，一幅，画儿，桌子上〉

　　＿＿＿＿＿＿／＿＿＿＿＿＿／＿＿＿＿＿＿／＿＿＿＿＿＿。（枚：幅 fú　絵：画儿 huàr）

（2）ほら、道路の両側にはたくさんの木が植えてある。〈种，很多树，着，街道两旁〉

　　你看，＿＿＿＿＿＿／＿＿＿＿＿＿／＿＿＿＿＿＿／＿＿＿＿＿＿。

（道路：街道 jiēdào　両側：两旁 liǎngpáng）

（3）私は歴史に関する本を読むのが好きだ。〈历史，书，关于，的〉

　　我喜欢看＿＿＿＿＿＿／＿＿＿＿＿＿／＿＿＿＿＿＿／＿＿＿＿＿＿。（歴史：历史 lìshǐ）

**3．次の文を中国語に訳しましょう。**

（1）運動について多くの人はみな重要だと思っている。（運動：运动 yùndòng）

　　＿＿＿＿＿＿＿＿＿＿＿＿＿＿＿＿＿＿＿＿＿＿＿＿＿＿＿＿＿＿＿＿＿＿

（2）テキストにはたくさん文が書いてある。（文：句子 jùzi）

　　＿＿＿＿＿＿＿＿＿＿＿＿＿＿＿＿＿＿＿＿＿＿＿＿＿＿＿＿＿＿＿＿＿＿

（3）最近は、風が吹くのでなければ雨が降る。

　　＿＿＿＿＿＿＿＿＿＿＿＿＿＿＿＿＿＿＿＿＿＿＿＿＿＿＿＿＿＿＿＿＿＿

(一)【会話と短文理解・会話練習】Q1は会話文、Q2は短文、Q3は自分自身について質問に答えましょう。

Q1：福山爱想去哪里留学？　　A：⎯⎯⎯⎯⎯⎯⎯⎯⎯⎯⎯⎯⎯⎯⎯⎯⎯⎯⎯⎯⎯⎯

Q2："我"找到工作了吗？　　A：⎯⎯⎯⎯⎯⎯⎯⎯⎯⎯⎯⎯⎯⎯⎯⎯⎯⎯⎯⎯⎯⎯

Q3：你打算去留学吗？　　A：⎯⎯⎯⎯⎯⎯⎯⎯⎯⎯⎯⎯⎯⎯⎯⎯⎯⎯⎯⎯⎯⎯

(二)【リスニング練習】

1．次の短文を聞いて、正しいものには〇を、間違っているものには×をつけましょう。

（1）我不想去留学。（　　　）　　🎧 DL 79　◎ CD 79

（2）我还没有找到工作。（　　　）

2．次の会話を聞いて、正しいものに〇をつけましょう。　　🎧 DL 80　◎ CD 80

（1）A 去美国　　　B 去中国　　　C 去韩国

（2）A 要去留学　　B 没有时间　　C 没有满意的

(三)【書く練習】

1．適切な単語を選び、空欄を埋めましょう。

| 哪儿 nǎr　　着 zhe　　但是 dànshì　　说 shuō |
| --- |

福山　爱　虽然　也　有　不　高兴　的　时候，（　　　）她　喜欢　笑
Fúshān　Ài　suīrán　yě　yǒu　bù　gāoxìng　de　shíhou,　　　　tā　xǐhuan　xiào

（　　　）跟　别人　说话，大家　都　很　喜欢　她。昨天　大家　一起　去　吃
　　　　gēn　biérén　shuōhuà, dàjiā　dōu　hěn　xǐhuan　tā. Zuótiān　dàjiā　yìqǐ　qù　chī

晚饭，问　她　去　哪儿　好，她　笑着（　　　），你们　想　去　哪儿　就　去
wǎnfàn, wèn　tā　qù　nǎr　hǎo, tā　xiàozhe　　　　nǐmen　xiǎng　qù　nǎr　jiù　qù

（　　　），我　都　同意。
　　　　wǒ　dōu　tóngyì.　　　　　　　　　　　　　　[同意：同意する]

2．次の単語を正しい順序に並び替えましょう。

（1）この文は簡単だけど、翻訳は難しい。〈简单，但是，翻译 很难〉

这个句子虽然 ⎯⎯⎯⎯⎯⎯／⎯⎯⎯⎯⎯⎯／⎯⎯⎯⎯⎯⎯／⎯⎯⎯⎯⎯⎯ 。

（2）彼は横になってテレビを見ている。〈着，看，躺，电视〉（横になる：躺 tǎng）

他 ⎯⎯⎯⎯⎯⎯／⎯⎯⎯⎯⎯⎯／⎯⎯⎯⎯⎯⎯／⎯⎯⎯⎯⎯⎯ 。

（3）彼女が必要なだけあげますよ。〈就，她，给，多少〉

　　　　她要多少，_____ / _____ / _____ / _____ 。

**3．次の文を中国語に訳しましょう。**

（1）あなたは行きたいところに行って下さい。

　　　------------------------------------------------------------------------

（2）私はコーヒーを飲みながら地図を見ている。（地図：地图 dìtú）

　　　------------------------------------------------------------------------

（3）彼はとても聡明だけど、あまり努力しない。（聡明だ：聪明 cōngmíng）

　　　------------------------------------------------------------------------

**四．【グループワーク】**

**グループ内で「誰が誰に何をするのか」a、b、c の語群も活用して話し合い、表を埋めましょう。**

　　　例Ａ：妻子让丈夫做什么?
　　　　　　 a　　 b

　　　　Ｂ：妻子让丈夫买礼物。
　　　　　　 a　　 b　 c

| | a. 誰が | b. 誰に | c. 動作 |
|---|---|---|---|
| 例 | 妻子（妻）<br>qīzi | 丈夫（夫）<br>zhàngfu | 买礼物（プレゼントを買う）<br>mǎi lǐwù |
| A | | | |
| B | | | |
| C | | | |
| D | | | |

| a | b | c |
|---|---|---|
| 妈妈（母）<br>māma | 孩子（子供）<br>háizi | 刷牙（歯を磨く）<br>shuāyá |
| 老师（先生）<br>lǎoshī | 学生（学生）<br>xuésheng | 给他发电子邮件（彼に電子メールを送る）<br>gěi tā fā diànzǐ yóujiàn |
| 我的同学（私のクラスメート）<br>wǒ de tóngxué | 我<br>wǒ | 给他写信（彼に手紙を書く）<br>gěi tā xiěxìn |
| 他们经理（彼らの社長）<br>tāmen jīnglǐ | 他（彼）<br>tā | 去出差（出張に行く）<br>qù chūchāi |

# 語句索引

## E

| | | | |
|---|---|---|---|
| è | 饿 | 空腹だ | 8 |
| érqiě | 而且 | それに | 5 |

## F

| | | | |
|---|---|---|---|
| fā | 发 | 送る | 12 |
| fāshāo | 发烧 | 熱がでる | 6 |
| fāxiàn | 发现 | わかる、気づく | 4 |
| fāyīn | 发音 | 発音 | 4 |
| fāngbiàn | 方便 | 便利 | 3 |
| fàng | 放 | 入れる、置く | 9 |
| fēi | 飞 | 飛ぶ | 7 |
| fēnzhōng | 分钟 | ～分間 | 2 |
| fú | 幅 | 枚 | 11 |
| fùjìn | 附近 | 付近、近く | 2 |
| fùxí | 复习 | 復習する | 7 |
| fùzhàng | 付账 | 勘定を支払う | 10 |

## G

| | | | |
|---|---|---|---|
| gāo | 高 | 高い | 4 |
| gàosu | 告诉 | 伝える、教える | 12 |
| gāngānjìngjìng | 干干净净 | 大変綺麗だ | 5 |
| gǎnmào | 感冒 | 風邪（をひく） | 6 |
| gāngcái | 刚才 | さっき | 12 |
| gège | 各个 | それぞれ | 1 |
| gèzhǒng | 各种 | 各種 | 5 |
| gèzi | 个子 | 身長 | 4 |
| gěi | 给 | くれる、あげる | 6 |
| gěi | 给 | ～に | 10 |
| gēn~yíyàng | 跟～一样 | ～と同じ | 4 |
| gèng | 更 | さらに | 8 |
| gōnggòng qìchē | 公共汽车 | バス | 2 |
| gōngsī | 公司 | 会社 | 12 |
| gōngyuán | 公园 | 公園 | 2 |
| gǔdiǎn yīnyuè | 古典音乐 | クラシック音楽 | 1 |
| guā//fēng | 刮∥风 | 風が吹く | 11 |
| guǎi | 拐 | 曲がる | 2 |
| guānyú | 关于 | ～について、～に関して | 11 |
| guìtái | 柜台 | カウンター | 7 |
| guójiā | 国家 | 国家、国 | 12 |
| guò nián | 过年 | 正月を迎える | 9 |
| guò qī | 过期 | 期限が過ぎる | 6 |
| guòqu | 过去 | 向こうへ行く | 11 |

## H

| | | | |
|---|---|---|---|
| hái | 还 | まだ | 7 |
| háishi | 还是 | それとも、やはり | 4 |
| háizi | 孩子 | 子供 | 9 |
| Hánguó | 韩国 | 韓国 | 7 |
| hánjià | 寒假 | 冬休み | 3 |
| hǎohāor | 好好儿 | しっかりと | 10 |
| hǎokàn | 好看 | 見た目が良い、きれいだ | 8 |
| hé | 和 | ～と | 2 |
| héxié | 和谐 | 調和した | 11 |
| hēisè | 黑色 | 黒色 | 8 |
| hóngsè | 红色 | 赤色 | 8 |
| hòu | 后 | ～してから、～したあと | 2 |
| hùzhào | 护照 | パスポート | 7 |
| huā | 花 | （お金や時間を）費やす | 3 |
| huáxuě | 滑雪 | スキーをする | 3 |
| huài | 坏 | 腐る、壊れる | 3 |
| huán | 还 | 返す、返却する | 10 |
| huánjìng | 环境 | 環境 | 2 |
| huàr | 画儿 | 絵 | 11 |
| Huángjīnzhōu | 黄金周 | ゴールデンウィーク | 1 |
| huángsè | 黄色 | 黄色 | 9 |
| huì~de | 会~的 | ～はずだ | 9 |
| huódòng | 活动 | イベント、催し物 | 9 |
| huǒchēzhàn | 火车站 | 駅 | 1 |
| huǒguō | 火锅 | 火鍋 | 6 |
| huòzhě | 或者 | あるいは | 1 |

## J

| | | | |
|---|---|---|---|
| jīdàn | 鸡蛋 | （鶏の）卵 | 9 |
| jīchǎng | 机场 | 空港 | 7 |
| jīhū | 几乎 | ほとんど | 12 |
| jīpiào | 机票 | 航空券 | 7 |
| jìhuà | 计划 | 計画 | 1 |
| jìjié | 季节 | 季節 | 1 |
| jíle | 极了 | とても～だ | 8 |
| jiā | 家 | 店・会社等の数を数える量詞 | 5 |
| jiāli rén | 家里人 | 家族 | 6 |
| jiācháng cài | 家常菜 | 家庭料理 | 9 |
| jiāojiao | 教教 | ちょっと教える | 9 |
| jiǎndān | 简单 | 簡単だ | 4 |
| jiàn | 见 | 会う、見る | 1 |
| jiànlì | 建立 | 構築する | 11 |
| jiēdào | 街道 | 道路 | 11 |

| | | | |
|---|---|---|---|
| jiētōng | 接通 | （電話が）つながる | 10 |
| jièzǒu | 借走 | 借りていく | 10 |
| jǐnzhāng | 紧张 | 緊張する | 6 |
| jìnlai | 进来 | 入ってくる | 6 |
| jǐnliàng | 尽量 | できるだけ | 4 |
| jīngcháng | 经常 | いつも | 2 |
| jīnglǐ | 经理 | 社長 | 6 |
| jǐngdiǎn | 景点 | 観光地、スポット | 1 |
| jiù | 旧 | 古い | 3 |
| jiù | 就 | もう | 10 |
| jiù | 就 | まさに | 2 |
| jiùshì a | 就是啊 | そうです | 2 |
| jiùyào～le | 就要～了 | もうすぐ～だ | 9 |
| jǔxíng | 举行 | 催しを行う | 9 |
| jùzi | 句子 | 文 | 11 |
| juéde | 觉得 | 思う | 4 |
| juédìng | 决定 | 決める | 12 |

## K

| | | | |
|---|---|---|---|
| kāfēiguǎn | 咖啡馆 | 喫茶店 | 5 |
| kāihuā | 开花 | 花が咲く | 11 |
| kànfǎ | 看法 | 考え | 11 |
| kàn//jiàn | 看 // 见 | 見かける、目に入る | 6 |
| kànkan | 看看 | ちょっと見る | 5 |
| kàn yīshēng | 看医生 | 医者に診てもらう | 6 |
| kànzhe bàn | 看着办 | 〈慣用語〉（その場の状況に基づいて）見計らってする、任せる | 12 |
| kǎolǜ | 考虑 | 考える | 12 |
| késou | 咳嗽 | 咳をする | 6 |
| kělè | 可乐 | コーラ | 5 |
| kěshì | 可是 | でも、しかし | 3 |
| kètīng | 客厅 | 客間 | 8 |
| kěndìng | 肯定 | きっと | 3 |
| kōngtiáo | 空调 | エアコン | 3 |
| kùzi | 裤子 | ズボン | 8 |
| kuàizi | 筷子 | 箸 | 10 |
| kuàidiǎnr | 快点儿 | 早く | 6 |

## L

| | | | |
|---|---|---|---|
| lán | 蓝 | 青 | 8 |
| le | 了 | 変化を表す | 5 |
| li | 里 | ～の中 | 3 |
| lǐwù | 礼物 | プレゼント | 12 |

| | | | |
|---|---|---|---|
| lìshǐ | 历史 | 歴史 | 11 |
| liánhuānhuì | 联欢会 | 懇親会 | 9 |
| liǎn | 脸 | 顔 | 11 |
| liǎngpáng | 两旁 | 両側 | 11 |
| liáotiānr | 聊天儿 | おしゃべりする | 1 |
| línlángmǎnmù | 琳琅满目 | 〈成語〉すばらしいものが多くあるさま | 5 |
| lǚxíng | 旅行 | 旅行 | 1 |
| lǚyóu | 旅游 | 旅行 | 1 |
| lǜsè | 绿色 | 緑色 | 9 |

## M

| | | | |
|---|---|---|---|
| máfan | 麻烦 | 面倒だ | 4 |
| mǎshàng | 马上 | すぐ | 9 |
| mǎibuqǐ | 买不起 | （お金がないという理由で）買えない | 8 |
| mǎnyì | 满意 | 満足する | 12 |
| màozi | 帽子 | 帽子 | 4 |
| méi bànfǎ | 没办法 | 仕方がない | 3 |
| méi wèntí | 没问题 | 大丈夫 | 6 |
| mēnrè | 闷热 | 蒸し暑い | 5 |
| miàntiáo | 面条 | 麺類 | 4 |

## N

| | | | |
|---|---|---|---|
| ná | 拿 | 持つ | 7 |
| nán | 难 | 難しい | 4 |
| nánpéngyou | 男朋友 | 彼氏 | 6 |
| nánshòu | 难受 | つらい | 6 |
| nánwàng | 难忘 | 忘れられない | 9 |
| niǎo | 鸟 | 鳥 | 7 |
| nénglì | 能力 | 能力 | 4 |
| niúnǎi | 牛奶 | 牛乳 | 8 |
| ng | 嗯 | うん | 5 |
| nòng | 弄 | する、いじる | 10 |
| nǔlì | 努力 | 努力する | 10 |
| nuǎn | 暖 | 暖かい | 5 |
| nǚpéngyou | 女朋友 | 彼女 | 6 |

## P

| | | | |
|---|---|---|---|
| páshān | 爬山 | 山に登る、登山 | 1 |
| páiduì | 排队 | 列に並ぶ | 7 |
| pánzi | 盘子 | お皿 | 7 |
| pángbiān | 旁边 | 隣、そば | 2 |
| pǎo | 跑 | 走る | 7 |

| | | | |
|---|---|---|---|
| pèifú | 佩服 | 感心する | 7 |
| píjiǔ | 啤酒 | ビール | 8 |
| píngshí | 平时 | 普段 | 4 |

## Q

| | | | |
|---|---|---|---|
| qīzi | 妻子 | 妻 | 12 |
| qí | 骑 | ～に乗る | 2 |
| qíguài | 奇怪 | おかしい、変だ | 8 |
| qìhòu | 气候 | 気候 | 1 |
| qiēpiàn | 切片 | 薄く切る | 9 |
| qǐng//jià | 请//假 | 休みを取る | 6 |
| qǐng//kè | 请//客 | ご馳走する | 5 |
| qiūtiān | 秋天 | 秋 | 5 |
| qúnzi | 裙子 | スカート | 8 |

## R

| | | | |
|---|---|---|---|
| ràng | 让 | ～させる | 9 |
| ràng | 让 | ～される | 10 |
| rénjìguānxi | 人际关系 | 人間関係 | 11 |
| rénshānrénhǎi | 人山人海 | 〈成語〉黒山のような人だかり | 1 |
| rènrènzhēnzhēn | 认认真真 | 真面目だ | 5 |
| rènwéi | 认为 | 思う、考える | 11 |
| Rìběncài | 日本菜 | 和食 | 6 |
| rǔguǒ~, jiù… | 如果~，就… | もし～なら、… | 3 |

## S

| | | | |
|---|---|---|---|
| sānliánxiū | 三连休 | 三連休 | 3 |
| sānlóu | 三楼 | 三階 | 7 |
| sǎn | 伞 | 傘 | 3 |
| sànbù | 散步 | 散歩する | 2 |
| shàngbān | 上班 | 仕事に行く | 8 |
| shàng dàxué | 上大学 | 大学に入る | 4 |
| shàng ge xīngqī | 上个星期 | 先週 | 10 |
| shāngdiàn | 商店 | 店 | 1 |
| shāokǎo | 烧烤 | バーベキュー | 3 |
| shēng//bìng | 生//病 | 病気になる | 6 |
| shí | 时 | ～のとき | 11 |
| shítáng | 食堂 | 食堂 | 4 |
| shìhé | 适合 | 似合う | 8 |
| shìqing | 事情 | こと、事情 | 12 |
| shōushi | 收拾 | 片付ける | 7 |
| shǒu | 首 | 歌を数える量詞 | 9 |
| shǒubiǎo | 手表 | 腕時計 | 10 |

| | | | |
|---|---|---|---|
| shòu huānyíng | 受欢迎 | 人気のある | 6 |
| shūcàiguāguǒ | 蔬菜瓜果 | 野菜や果物 | 5 |
| shù | 树 | 木 | 11 |
| shùxué | 数学 | 数学 | 9 |
| shuā | 刷 | 磨く | 12 |
| shuìjiào | 睡觉 | 寝る | 6 |
| shuō//huà | 说//话 | 話す | 11 |
| suīrán~dànshì… | 虽然~，但是… | ～だが、しかし… | 12 |
| suì | 岁 | 歳 | 4 |
| suǒyǒu | 所有 | 全ての | 12 |

## T

| | | | |
|---|---|---|---|
| tā | 它 | それ、あれ | 3 |
| tàiyáng | 太阳 | 太陽 | 11 |
| tǎng | 躺 | 横になる | 12 |
| tèbié | 特别 | とくに | 1 |
| tiānqì | 天气 | 天気 | 11 |
| tiáo | 条 | スカートやズボン等を数える量詞 | 8 |
| tíqián | 提前 | 前もって | 7 |
| tīng | 听 | 聞く | 1 |
| tīng//shuō | 听//说 | 聞くところによると | 12 |
| tóngshì | 同事 | 仲間、同僚 | 6 |
| tóngxué | 同学 | 同級生、クラスメート | 1 |
| tóngyì | 同意 | 同意する | 12 |
| tóuténg | 头疼 | 頭痛 | 6 |
| túshūguǎn | 图书馆 | 図書館 | 2 |
| tuījiàn | 推荐 | お勧め、勧める | 6 |

## W

| | | | |
|---|---|---|---|
| wàimiàn | 外面 | 外 | 4 |
| wǎngshang | 网上 | インターネット上 | 12 |
| wàngzài | 忘在 | ～に忘れる | 3 |
| wēixiào | 微笑 | 微笑み | 11 |
| wèi shénme | 为什么 | なぜ、どうして | 2 |

## X

| | | | |
|---|---|---|---|
| xī | 西 | 西 | 2 |
| xīhóngshì | 西红柿 | トマト | 9 |
| xīwàng | 希望 | 希望する | 7 |
| xǐzǎo | 洗澡 | 風呂に入る | 6 |
| xià ge zhōumò | 下个周末 | 来週末 | 3 |
| xià//kè | 下//课 | 授業が終わる | 2 |
| xiàtiān | 夏天 | 夏 | 5 |

| | | | |
|---|---|---|---|
| xiān~, ránhòu(zài)… | 先~，然后（再）… | まず~して、それから…する | 2 |
| xiànjīn | 现金 | 現金、キャッシュ | 10 |
| xiāngjiāo | 香蕉 | バナナ | 9 |
| xiāngxìn | 相信 | 信じる | 12 |
| xiǎng | 想 | 想う、考える | 1 |
| xiàng | 向 | ~に向かって、~に | 2 |
| xiǎogǒu | 小狗 | 子犬 | 8 |
| xiào | 笑 | 笑う | 12 |
| xiàoyuán | 校园 | キャンパス | 11 |
| xīnxiān | 新鲜 | 新鮮な | 3 |
| xìn | 信 | 手紙 | 12 |
| xìnyòngkǎ | 信用卡 | クレジットカード | 10 |
| xínglixiāng | 行李箱 | スーツケース | 7 |
| xiūxi | 休息 | 休憩する | 9 |
| xūyào | 需要 | 必要である | 7 |
| xuǎnzé | 选择 | 選ぶ | 12 |

| | | | |
|---|---|---|---|
| **Y** | | | |
| yá | 牙 | 歯 | 12 |
| yán | 盐 | 塩 | 9 |
| yánsè | 颜色 | 色 | 8 |
| yǎnjìng | 眼镜 | メガネ | 9 |
| yàngshì | 样式 | デザイン | 8 |
| yào | 要 | ~しなければならない | 2 |
| yào | 药 | 薬 | 6 |
| yī~jiù… | 一~就… | ~するとすぐ… | 6 |
| yìbiān~yìbiān… | 一边~一边… | ~しながら…する | 7 |
| yídìng | 一定 | きっと | 2 |
| yírén | 宜人 | (風物・気候などが) 快適だ | 1 |
| yǐhòu | 以后 | 以降 | 4 |
| yǐjīng | 已经 | もう、すでに | 1 |
| yǐqián | 以前 | 以前 | 12 |
| Yìdàlì cài | 意大利菜 | イタリアン | 6 |
| yìzhí | 一直 | ずっと | 2 |
| yìzhōu | 一周 | 一週間 | 1 |
| yīnwèi | 因为 | なぜなら | 5 |
| yīnyuè | 音乐 | 音楽 | 1 |
| yīnyuèhuì | 音乐会 | コンサート | 1 |
| yínháng | 银行 | 銀行 | 6 |
| yǐnliào | 饮料 | 飲み物 | 3 |
| yīnggāi | 应该 | ~のはずだ | 3 |
| yǐngxiǎng | 影响 | 影響 | 5 |
| yòng | 用 | 使う | 10 |

| | | | |
|---|---|---|---|
| yóuyú | 由于 | ~のため | 5 |
| yǒude | 有的 | あるもの | 11 |
| yǒudiǎnr | 有点儿 | 少し | 3 |
| yǒumíng | 有名 | 有名だ | 12 |
| yòu~le | 又~了 | また~する、また~になる | 7 |
| yǔfǎ | 语法 | 文法 | 4 |
| yuánlái | 原来 | なんと（~だったのか） | 8 |
| yuè lái yuè~ | 越来越~ | ますます~だ | 5 |
| yùndòng | 运动 | 運動 | 11 |

| | | | |
|---|---|---|---|
| **Z** | | | |
| zài | 再 | もっと、また、もう一度 | 7 |
| zǒuzhe | 走着 | 歩いて | 3 |
| zěnme | 怎么 | どうして、なぜ | 3 |
| zěnme yě~ | 怎么也 | どうしても~ | 8 |
| zěnyàng | 怎样 | どのように、どうすれば | 11 |
| zhàngfu | 丈夫 | 夫 | 12 |
| zháojí | 着急 | 焦る | 3 |
| zhǎo | 找 | 探す | 7 |
| zhǎobudào | 找不到 | 見つからない | 8 |
| zhàopiàn | 照片 | 写真 | 9 |
| zhàoxiàngjī | 照相机 | カメラ | 8 |
| zhe | 着 | 持続を表す助詞 | 11 |
| zhèjǐtiān | 这几天 | ここ数日 | 6 |
| zhème | 这么 | こんなに、このように | 3 |
| zhèyàng | 这样 | このように | 11 |
| zhēnzhū nǎichá | 珍珠奶茶 | タピオカミルクティー | 5 |
| zhèng | 正 | ちょうど、まさに | 1 |
| zhèngqián | 挣钱 | （お金を）稼ぐ | 1 |
| zhī | 只 | 鳥などを数える量詞 | 7 |
| zhīdào | 知道 | 知っている | 2 |
| zhīfù | 支付 | 支払う | 10 |
| zhǐhǎo | 只好 | ~するしかない | 7 |
| zhǐyǒu~, cái… | 只有~，才… | ~してこそはじめて…だ | 10 |
| zhōngyú | 终于 | やっと、ようやく | 11 |
| zhòng | 种 | 植える | 11 |
| zhòngyào | 重要 | 重要 | 11 |
| zhōumò | 周末 | 週末 | 1 |
| zìjǐ | 自己 | 自分 | 4 |
| zìcóng | 自从 | ~より、~から | 11 |
| zìlǐ | 自理 | 自分でできる、自分で処理する | 4 |
| zìxíngchē | 自行车 | 自転車 | 2 |

著　者
　劉国彬（福山大学）
　清水洋子（福山大学）

表紙デザイン
　(株)欧友社

イラスト
　鈴木みゆき

さらなる中国語の世界
〜大学二年生のレベルアップ中国語〜

2021 年 1 月 8 日　初版発行

　　著　者　ⓒ劉国彬
　　　　　　　清水洋子
　発行者　福岡正人
　発行所　株式会社　金星堂

〒101-0051　東京都千代田区神田神保町 3-21
Tel. 03-3263-3828　Fax. 03-3263-0716
E-mail：text@kinsei-do.co.jp
URL：http://www.kinsei-do.co.jp

編集担当　川井義大　　　　　　　　　　　2-00-0720
組版・印刷・製本／倉敷印刷株式会社

ISBN978-4-7647-0720-7　C1087